Matthias Müller-Kre

Witzige und mitreißende Abschlussreden schreiben

IMPRESSUM

Autor: Matthias Müller-Krey

1. Auflage, Berlin 2019

Covergestaltung: Andy Vasquez

Matthias Müller-Krey

Witzige und mitreißende Abschlussreden schreiben

Inhalt

Eine gute Rede hat einen guten Anfang und ein gute Ende
– beide sollten möglichst nahe beieinander liegen.
Mark Twain

EINLEITUNG

Über das Buch

Bestandene Prüfungen sind ein freudiger Anlass und ein wichtiger Einschnitt im Leben junger Menschen. Dieser Moment verdient, das Erreichte Revue passieren zu lassen und einen Blick in die Zukunft zu werfen, zum Beispiel in einer kleinen Rede. Die Schwierigkeit beim Formulieren von Abschlussreden besteht darin, die richtige Balance zwischen Spaß und Ernst zu finden.

Denn auf der einen Seite ist der Tag zu wichtig, um eine alberne Rede zu halten. Auf der anderen Seite sind die Zuhörer auch viel zu vergnügt und aufgeregt, um einer wirklich tiefsinnigen Rede zu folgen.

Gute Redner meistern den Balanceakt durch einen ständigen Wechsel aus ernst gemeinten Ratschlägen und Humor. Damit geben sie der Veranstaltung die nötige Würde, bieten dem Publikum dabei aber auch eine gute Portion Unterhaltung.

In den USA haben Abschlussreden vor allem an den großen Universitäten einen hohen Stellenwert. Regelmäßig werden Prominente aus Politik, Wirtschaft und Unterhaltung zu diesem Anlass als Redner eingeladen. Auch an den Colleges und Highschools des Landes wird großen Wert auf exzellente Abschlussreden gelegt.

Zu den vielen berühmten Rednern an amerikanischen Hochschulen gehören ehemalige Präsidenten wie Barack Obama, George W. Bush oder Bill Clinton, Hollywoodschauspieler wie Denzel Washington oder Matt Damon, Talkmaster wie Oprah Winfrey oder Conan O'Brien, Unternehmer wie Steve Jobs, Bill Gates oder Mark Zuckerberg und viele andere bekannte

Persönlichkeiten. Die Abschlussreden der Promis erfreuen sich großer Aufmerksamkeit, sie werden im Fernsehen gezeigt und auf YouTube millionenfach abgespielt. Darum sind die Redner auf ein absolutes Höchstmaß an Qualität und Professionalität bedacht. Nichts wird dem Zufall überlassen - auch nicht die Lacher.

Auch Reden zum Highschoolabschluss werden immer beliebter und damit immer professioneller. Einige dieser Graduation Speeches werden im Internet viele Millionen Mal angeklickt. Dadurch steigen natürlich auch hier die Erwartungen des Publikums und damit die Anforderungen an die Redetexte.

Einen Blick hinter die Kulissen von Abschlussreden in den USA lieferte die Schauspielerin Natalie Portman - eher unfreiwillig - bei ihrer Abschlussrede an der Eliteuniversität Harvard im Jahr 2015. Nachdem sie von ihrer Alma Mater eingeladen worden war, eine Rede an die Absolventen zu halten, schrieb Portman per E-Mail zurück: „Das ist die aufregendste Sache, um die ich je gebeten wurde. Ich werde aber ein paar lustige Ghostwriter brauchen. Ideen?“

Die E-Mail wurde wenig später geleakt, was Portman ziemlich peinlich war, uns aber einen interessanten Einblick gibt, mit welcher Selbstverständlichkeit in den USA mittlerweile Abschlussreden mit der Hilfe von Profis aus dem Showbusiness geschrieben werden, um die hohen Erwartungen der Zuhörer zu erfüllen. Selbst US-Präsidenten beschäftigen in ihren Redenschreiberteams inzwischen Autoren, die zuvor Gags fürs Fernsehen geschrieben haben.

Manch einer mag der Meinung sein, dass Prominente, die Ghostwriter beschäftigen, sich mit fremden Federn schmücken. Doch in diesem Buch geht es vor allem darum, von den Redetexten der Profis aus den USA zu lernen. Wer lieber eine Ansprache hört, die Oberstudiendirektor Dr. Müller ganz allein verfasst hat, für den ist dieses Buch wahrscheinlich nicht geeignet.

Wer sich hingegen von den Ideen der ausgebufftesten Redenschreiber inspirieren lassen möchte, der ist hier genau richtig. Im ersten Teil gibt dieses E-Book ein paar kurze Tipps zu Inhalt und Aufbau von Abschlussreden. Im zweiten Teil findet sich eine große Sammlung von Formulierungen für

Abschlussreden: von lustigen Einstiegen über humorvoll verpackte Ratschläge für die Zukunft der Absolventen, originelle Gedanken zur Berufswahl, zu Höhenflügen und Tiefschlägen bis hin zu knackigen Schlussworten.

Dabei ist es allerdings nicht zu empfehlen, die Gags aus diesem Buch einfach in das eigene Redemanuskript hineinzukopieren. Wer Formulierungen von anderen einfach abschreibt, läuft Gefahr, beim Abkupfern erwischt und als ideenloser Nachahmer entlarvt zu werden.

Die Formulierungsvorschläge aus diesem Buch sind vielmehr dazu gedacht, Anregungen für eigene Ideen beim Schreiben von lustigen Abschlussreden zu liefern. Die Formulierungen in diesem Buch sollten abgewandelt, abgehobelt, verändert, verbessert, umgeformt und umgeschrieben werden, bis sie perfekt zu der Situation des Redners und seiner Zuhörer passen.

Viele Formulierungsvorschläge in diesem Buch wurden aus dem englischen Original ins Deutsche übertragen. Es handelt sich dabei oft nicht um wörtliche Übersetzungen, sondern um Abwandlungen mit dem Ziel, einen Vorschlag für eine Formulierung in einer Rede auf Deutsch zu machen.

Im dritten Teil des Buches gibt es Ideen für die Nachbereitung und den Feinschliff. Außerdem finden Sie dort Tipps für den Umgang mit Lampenfieber. Für diejenigen, die kein Problem damit haben, ihrem Publikum die eigene Nervosität zu gestehen, gibt es dort auch lustige Formulierungsvorschläge für das Outing als nervöser Redner.

Über den Autor

Ich arbeite seit vielen Jahren als freiberuflicher Redenschreiber in Berlin. Ich schreibe Reden auf Deutsch und auf Englisch hauptsächlich für Führungskräfte aus Wirtschaft, Wissenschaft und Verbänden. Ansprachen aus meiner Feder wurden bereits in über 50 Ländern und auf allen Kontinenten der Welt gehalten.

Immer wieder werde ich auch beauftragt, Reden zum Abschluss von Schule, Studium oder Berufsausbildung zu schreiben. Ich werde von einer Schuldirektorin angerufen, von einem Hochschulprofessor oder dem Präsidenten einer Handwerkskammer, die Hilfe beim Schreiben einer unterhaltsamen Rede an die Absolventen benötigen. Auch Absolventen melden sich bei mir mit der Bitte um Hilfe.

Die Anforderungen, die an diese Reden gestellt werden, sind je nach Redner und Anlass sehr verschieden. Doch eine Erwartung haben alle: Die Rede soll humorvoll sein. Kunden, die eine Rede bei einem Redenschreiber in Auftrag geben, erwarten natürlich, dass der Text vom Profi etwas ganz Besonderes ist: ein kleines Kunstwerk. Eine Rede, an die sich Absolventen und Gäste noch nach Jahren mit einem breiten Lächeln erinnern.

Mit viel Hingabe habe ich in den letzten Jahren viele solcher ganz besonderen Abschlussreden geschrieben. Doch um ehrlich zu sein, stand ich eines Tages vor demselben Problem, das den meisten begegnet, die sich vor den Rechner setzen, um einen wirklich witzigen Text zu schreiben: Mir fiel einfach nichts mehr ein.

Um die zu Recht hohen Erwartungen meiner Kunden trotzdem zufriedenzustellen, habe ich mit der Zeit angefangen, auf der ganzen Welt nach Tipps und Ideen für die besten Formulierungen zu suchen.

Ich habe vor allem in England und den USA recherchiert, wo humorvolle und kreative Abschlussreden traditionell hoch im Kurs stehen. Ich habe Ratgeber und Websites studiert, mir auf YouTube unzählige Videos mit Reden aus der ganzen Welt angeschaut und Redenschreiberkollegen nach ihren Favoriten unter den Abschlussredeformulierungen gefragt. Dabei ist ein riesiges Archiv mit witzigen und überraschenden Formulierungen entstanden. Die besten Sprüche und Ideen stehen in diesem Buch.

VOR DEM SCHREIBEN

Die Ideale Länge einer Abschlussrede

Wenn der amerikanische Präsident eine Rede zur Amtseinführung hält, spricht er im Schnitt 15 bis 20 Minuten. Darin erklärt der mächtigste Mensch der Welt seinem Volk und allen übrigen Erdbewohnern, ob er Gesetze ändern, Steuern erhöhen, Truppen verlegen, internationale Abkommen kündigen, Mauern bauen oder Ähnliches zu tun gedenkt.

Wenn der Präsident all das in einer Viertelstunde schafft, sollten Redner, die den Absolventen gratulieren und ihnen ein paar Ratschläge für die Zukunft erteilen, mit deutlich weniger Zeit auskommen. Fünf Minuten genügen. Zehn bis zwölf Minuten sollten absolute Obergrenze sein.

Viele Redner widersprechen dieser zeitlichen Begrenzung energisch und sagen, sie bekämen in einer kurzen Rede nicht alles untergebracht, was sie zu diesem Anlass gerne sagen würden. Doch eine Rede ist etwas anderes als ein Brief oder ein anderer geschriebener Text. Entscheidend ist dabei nicht, was Sie gerne darin unterbringen würden.

Hier geht es darum, was davon in den Köpfen der Zuhörer tatsächlich hängen bleibt. Und die Aufmerksamkeitsspanne Ihrer Zuhörer ist begrenzt. Insbesondere bei einer Abschlussveranstaltung, wo viele der Zuhörer berauscht sein dürften - sei es vom eigenen Erfolg oder von den Getränken des Vorabends. Oder von beidem. Darum sollten Sie sich in Ihrer Rede auf das Wesentliche beschränken. Es sei denn, Sie möchten eine Rede halten wie die, an die sich Harry-Potter-Autorin J. K. Rowling in ihrer Abschlussrede in Harvard erinnerte:

„Eine Abschlussrede zu halten, ist eine große Verantwortung. Jedenfalls dachte ich das, bis ich mich an meine eigene Abschlussfeier erinnerte. Die Rednerin damals war die britische Philosophin Baroness Mary Warnock. Über ihre Rede nachzudenken, hat mir enorm geholfen, meine eigene zu formulieren. Denn ich kann mich nicht an ein einziges ihrer Worte erinnern. Diese befreiende Entdeckung erlaubt es mir weiterzusprechen, ohne dabei befürchten zu müssen, Sie in einer unangemessenen Weise zu beeinflussen."

Botschaften, die in kurzen Reden untergebracht werden, haben deutlich größere Chancen, eine bleibende Wirkung bei ihren Zuhörern zu hinterlassen. Darum sollten Sie alles daransetzen, Ihre Rede so prägnant wie möglich zu formulieren.

Ein praktischer Tipp: Um zu ermitteln, wie lange es dauern wird, Ihren Redetext vorzutragen, müssen Sie ihn nicht jedes Mal laut vorlesen und dabei die Zeit stoppen. Es genügt ein Blick auf den Wortzähler in Ihrem Textverarbeitungsprogramm. Bei normaler Sprechgeschwindigkeit ergeben 150 Wörter etwa eine Minute Redezeit.

Die Begrüßung

Die korrekte Reihenfolge der Ehrengäste und Würdenträger in der Begrüßung hat schon manchem Redner und Redenschreiber schlaflose Nächte bereitet.

Da bei den meisten Reden zum Schul- oder Studienabschluss aber nicht mit dem Erscheinen von Staatspräsidenten, Nobelpreisträgern, Showgrößen und Kirchenoberhäuptern zu rechnen ist, konzentriert sich dieser Ratgeber auf das absolute Grundwissen.

Zudem geht es bei der Begrüßung zu Beginn einer Abschlussrede weniger um protokollarische Richtigkeit, sondern darum, der Rede gleich zu Beginn einen freundlichen, feierlichen und humorvollen Schwung zu geben.

Das gelingt zum Beispiel mit einer kleinen Pointe. Conan O'Brien hat das 2011 bei seiner Rede am Dartmouth College ungefähr so gemacht:

„Liebe Absolventen, sehr geehrte Mitglieder der Fakultät, sehr geehrte Eltern, Freunde und Verwandte und liebe Leute, die einfach zu diesen Veranstaltungen kommen, weil sie nichts Besseres zu tun haben."

Leicht abgewandelt klingt das so: *„Liebe zukünftige ehemalige Mitschülerinnen und Mitschüler, liebe Frau Direktor Schulz, liebes Lehrerkollegium, liebe Eltern, Verwandte, Freunde und liebe merkwürdige Menschen, die uneingeladen zu dieser Veranstaltung erschienen sind."*

Für Humor sorgen in Abschlussreden witzige Anspielungen auf den Schulalltag. Ein Schüler kann das Publikum in seiner Rede humorvoll begrüßen, indem er beispielsweise die morgendliche Begrüßung der Lehrer im Klassenzimmer auf die Schippe nimmt:

„Liebe Eltern, liebe Lehrer, liebe Schüler, ich bitte Sie noch kurz um einen Moment der Aufmerksamkeit. Das gilt ganz besonders für die Damen und Herren Lehrer. Insbesondere für die in der hinteren Reihe. Ich bitte darum, dass jetzt endlich Ruhe einkehrt. Hallo! Jetzt reicht es. Ich bin hier doch nicht der Kasper."

„Salvete, discipulae et discipuli, salvete magistrae et magistri! Mehr Latein ist bei mir trotz großem Latinum leider nicht hängen geblieben. Darum bitte ich um Verständnis, insbesondere bei meinem Lateinlehrer Herrn Dr. Schäfer, wenn ich meine Abiturrede heute auf Deutsch halte.“

Das Einzige, was Sie zu Beginn Ihrer Rede beachten sollten, ist die Begrüßung des Hausherrn oder der Hausherrin der Einrichtung, in der die Veranstaltung abgehalten wird, also des Direktors der Schule, der Dekanin der Hochschule oder des Präsidenten der Handwerkskammer. Hier lesen Sie einige Beispiele:

„Sehr geehrte Frau Direktorin Engels, meine sehr geehrten Damen und Herren, es ist mir eine ganz besondere Ehre, heute hier zu sprechen vor Lehrerinnen und Lehrern, vor ehemaligen Studentinnen und Studenten, vor stolzen Eltern, Freunden und Verwandten und natürlich vor den erfolgreichen Absolventinnen und Absolventen, deren Abschluss wir heute gemeinsam feiern.“

„Sehr geehrter Herr Dekan Jakobi, liebe Professorinnen und Professoren, liebe Mitarbeiterinnen und Mitarbeiter der Fakultät, liebe Eltern, Verwandte und Freunde und vor allem liebe Absolventinnen und Absolventen ...“

„Sehr geehrte Präsidentin Mertens, liebe Ausbilderinnen und Ausbilder, Eltern, Freunde und Verwandte, doch vor allem: Liebe Junghandwerkerinnen und Junghandwerker ...“

US-Präsident Barack Obama sagte bei seiner Abschlussrede an der University of Michigan 2010:

„Guten Tag, Herr Dekan, liebe Mitglieder der Fakultät, Eltern, Familie und Freunde dieses Abschlussjahrgangs! Meinen ganz herzlichen Glückwunsch zu Ihrem bestandenen Abschluss und meinen ganz herzlichen Dank für die Ehre, mit dieser Rede ein Teil davon sein zu dürfen.“

Es kommt vor, dass in Reden Ehrengäste besonders begrüßt werden, etwa der ehemalige Schuldirektor oder ein Prominenter, der zu den Absolventen oder der Bildungseinrichtung ein besonderes Verhältnis hat. Als Faustregel können wir festhalten: In der Begrüßung einer Rede sollten so wenige Menschen wie möglich persönlich angesprochen werden. Denn je größer die Zahl derjenigen ist, die ausdrücklich erwähnt werden, desto größer ist auch die Zahl derer, die nach der Rede beleidigt sind, weil sie nicht namentlich erwähnt wurden.

Die Botschaften

Abraham Lincoln hat einmal gesagt, wenn er vier Stunden hätte, um einen Baum zu fällen, würde er drei Stunden damit verbringen, seine Axt zu schärfen. Etwas Ähnliches gilt auch für die Vorbereitung einer Rede.

Je mehr Zeit Sie im Vorfeld damit verbringen, sich zu überlegen, was Sie eigentlich sagen wollen, je leichter wird es Ihnen später fallen, die passenden Worte zu finden. Das gilt vor allem für die Botschaften Ihrer Rede. Fragen Sie sich zuerst, was genau Sie Ihrem Publikum mit auf den Weg geben möchten.

Der häufigste Fehler besteht darin, dass Redner reden, obwohl sie eigentlich nichts zu sagen haben. Das passiert besonders häufig dann, wenn die Rede witzig sein soll. Lustige Sprüche, Anekdoten und Witze werden sinnlos aneinandergereiht, ohne dass die Zuhörer erfahren, warum ihnen diese - nicht selten peinlichen - Informationen über die letzte Klassenfahrt oder die Frisuren zu Beginn des Studiums mitgeteilt werden.

Darum ist es wichtig, zuerst die Kernbotschaften der Rede festzulegen. Erst danach stellt sich die Frage, welche Witze und Geschichten geeignet sind, um diese Botschaft effektiv zu transportieren.

Mit dieser Vorgehensweise fällt es auch leichter, einen geeigneten Aufbau für die Rede zu finden. Steht die Botschaft der Rede einmal fest, lassen sich die Anekdoten daran aufreihen wie Perlen an einer Schnur.

Geeignete Botschaften zu finden, ist nicht besonders schwer. Abschlussreden dienen in aller Regel dazu, den Absolventen Anerkennung für das Erreichte auszusprechen und ihnen gleichzeitig ein paar Ratschläge für die Zukunft zu geben.

Fast alle Reden, die von US-amerikanischen Rednern bei Abschlussfeiern an Universitäten und Highschools gehalten werden, folgen diesem einfachen Muster. Darüber hinaus kann der Redner Lob oder Dank an Menschen richten, die einen Beitrag zu dem Erfolg der jungen Menschen geleistet haben, etwa an die Eltern, die Lehrer oder Ausbilder. Ungeeignet als Inhalte für Abschlussreden sind allgemeine gesellschaftliche Themen wie das Bildungssystem, die Hochschulpolitik oder die Gesetze zur Berufsausbildung. Bei einer Rede zur bestandenen Prüfung stehen die Absolventen im Mittelpunkt.

Die Gliederung

Am besten machen Sie sich vor dem Schreiben Ihrer Rede eine Liste mit allen Inhalten, die in Ihre Abschlussrede hineinsollen. Für diese Gliederung gilt, was ein bekannter Politiker einst über die Steuererklärung gesagt hat: Sie sollte so kurz wie möglich sein. Im Idealfall passt sie auf einen Bierdeckel.

Eine Gliederung könnte zum Beispiel so aussehen:

Begrüßung
Humorvoller Einstieg
Dank für die Ehre, zum Abschluss sprechen zu dürfen
Rückblick und Bemerkungen zum Abschluss
Drei Tipps für eine erfolgreiche Zukunft
Humorvoller Schluss

Überlegen Sie sich zunächst genau, was Sie Ihrem Publikum zu jedem dieser Punkte gerne mitteilen würden. Erst dann sollten Sie auf die Suche nach Anregungen für humorvolle und originelle Formulierungen gehen. So stellen Sie sicher, dass bei allem Witz und aller Unterhaltung der ernste Kern Ihrer Rede nicht verloren geht.

Absolventen und andere Redner

Reden von Absolventen unterscheiden sich im Wesentlichen kaum von den Worten anderer Redner. Gemeinsam ist allen Abschlussreden, dass sie den erreichten Abschluss entsprechend würdigen und gleichzeitig einen Blick in die Zukunft werfen.

Unterschiedlich ist lediglich die Position der Redner. Absolventen, die auf einer Abschlussfeier eine Rede halten, sprechen stellvertretend für ihre Mitschüler oder Kommilitonen. In ihrer Rede geht es darum, das Ereignis aus Sicht der Absolventen zu würdigen und Erwartungen für die Zukunft zu formulieren.

Ihr Blick ist dabei stärker in die Vergangenheit gerichtet, weil die Herausforderungen der Prüfung die Freude über das Bestehen am besten beschreiben können. Die Zuhörer freuen sich über exklusive Einblicke in den Studien-, Schul- oder Ausbildungsbetrieb.

Der Humor in den Reden von Absolventen rührt oft daher, dass der Redner über Kenntnisse verfügt, die Lehrer, Eltern oder Verwandte bisher noch nicht haben. Dabei ist es überhaupt nicht erforderlich, dass die brisanten Informationen tatsächlich preisgegeben werden. Es genügt, dass der Redner Andeutungen macht. Wie das funktionieren kann, zeigte J. K. Rowling in ihrer Abschlussrede in Harvard (auch wenn sie dort als erfolgreiche Schriftstellerin und nicht als Absolventin sprach):

„Vom Tag unseres Abschlusses an waren meine Freunde und ich für immer eng miteinander verbunden. Wir waren verbunden durch unsere gemeinsamen Erfahrungen, durch die zusammen gemeisterten Herausforderungen und natürlich durch das Wissen, dass jeder von uns über fotografisches Material verfügte, das sich als extrem wertvoll erweisen würde, sollte jemand von uns jemals für ein öffentliches Amt kandidieren.“

Reden von Lehrern, Professoren, Ausbildern, Eltern und anderen Vertretern der älteren Generation sind stärker auf die

Zukunft der Absolventen ausgerichtet. Aufgrund ihres höheren Alters und der damit - hoffentlich - verbundenen Erfahrung ist es ihre Aufgabe, den Absolventen Ratschläge für die Zukunft mit auf den Weg zu geben. Wichtig ist, dass die Empfehlungen nicht schulmeisterlich daherkommen, denn schließlich haben die Absolventen den Abschluss und damit einen wichtigen Schritt auf dem Weg zum Erwachsenendasein geschafft.

Die Redner sollten ihre Ratschläge ernst nehmen, ohne die nötige Leichtigkeit dabei aus den Augen zu verlieren. Dies erreichen Sie vor allem dadurch, dass Sie Ihre gehaltvollen Worte immer wieder mit witzigen Bemerkungen mischen. Ein gutes Beispiel dafür liefert die Rede, die die amerikanische Talkmasterin Ellen DeGeneres 2009 an der Tulane University in New Orleans gehalten hat:

„Folgen Sie niemals den ausgetretenen Pfaden. In Ihrem Leben sollten Sie alles daransetzen, Ihren ganz eigenen Weg zu finden. Es sei denn, Sie haben sich in der Wildnis verlaufen, dann folgen Sie bitte unbedingt den ausgetretenen Pfaden.“

Gags finden und Fettnäpfchen vermeiden

Oft fällt es dem Redner gar nicht schwer, sich ein paar lustige Sprüche und Anekdoten für seine Abschlussrede auszudenken. Die Lehr-, Studien- oder Schulzeit, gemeinsame Ausflüge und unendliche Stunden in Hörsälen, Klassenzimmern oder Ausbildungsbetrieben liefern ein nahezu unerschöpfliches Reservoir an lustigen Begebenheiten, die den Zuhörern bei der Rede ganz sicher ein paar kräftige Lacher entlocken würden.

Problematisch wird es aber bei der Frage, welche dieser Anekdoten und Sprüche tatsächlich in die lustige Abschlussrede hineinpassen. Nicht immer ist klar, ob wirklich alle Zuhörer die Witze genauso komisch finden werden wie ihr Verfasser.

Bei den meisten Abschlussfeiern ist das Publikum in der Regel zudem sehr heterogen. Die Gäste kommen nicht nur aus dem Kreis der Lehrer und Absolventen, sondern auch aus der Familie, dem Freundeskreis und dem weiteren Umfeld der Bildungseinrichtung. Meistens sind Menschen aller Altersgruppen und mit teilweise sehr verschiedenen gesellschaftlichen Hintergründen zugegen.

Einen Witz, der auf der Klassenfahrt immer gut ankam, versteht die Direktorin möglicherweise nicht. Eine Anekdote, die an der Theke im Kreis der Kommilitonen stets Lachkrämpfe auslöste, mag manche Oma eines Absolventen schamlos und schockierend finden.

Darum ist es bei der humorvollen Abschlussrede unbedingt erforderlich, dass sich der Redner vorab die Frage stellt, wer im Publikum sitzen wird und welche Erwartungen diese Menschen mit der Ansprache verbinden. Was kann man also tun, damit ein Witz nicht zum gesellschaftlichen Fehltritt wird?

Zunächst sollte man sich überlegen, wie Humor eigentlich funktioniert. Niemand hat dies so gut auf den Punkt gebracht wie Otto Julius Bierbaum, der den berühmten Satz prägte: Humor ist, wenn man trotzdem lacht. Paradoxerweise brauchen nämlich fast alle Witze ein tragisches Element, um komisch zu sein. Humor dreht sich oft um Krisen, menschliche Schwächen, Probleme und Konflikte.

Humor bezieht sich oft auf etwas, das eigentlich gar nicht komisch ist. Der Humor bietet eine kleine Entlastung vom Stress des Alltags, indem er die Menschen zum Lachen bringt. Das funktioniert aber nur, wenn die Zuhörer zur Tragik des Witzes die nötige Distanz besitzen. Wer jemals in einem Krankenhaus Arztwitze erzählt hat, weiß, was damit gemeint ist.

Darum sollten Sie sich bei jedem Scherz kurz überlegen, ob Ihre Zuhörer zu Ihrem Witz wirklich genügend Distanz haben, um darüber lachen zu können. Anders als im Strafprozess gilt bei humorvollen Reden der Grundsatz: Im Zweifel gegen den Witz. Lassen Sie besser eine Pointe aus, bevor Sie Ihren Zuhörern ungewollt vor den Kopf stoßen.

FORMULIERUNGSVORSCHLÄGE

Der Einstieg

Die Ideen und Gags in diesem Buch sind nicht dazu gedacht, abgeschrieben zu werden. Sie sollen stattdessen als Inspiration für Ihre eigenen witzigen Einfälle dienen. Ihre Abschlussrede soll schließlich nicht einfach nur die Kopie der Rede eines anderen sein, sondern Ihr eigenes Werk, auf das Sie noch lange mit Freude und Stolz zurückblicken.

Allerdings müssen Sie für Ihre Rede das Rad auch nicht neu erfinden. Sie müssen es lediglich an Ihre ganz eigenen Bedürfnisse anpassen. So wird Ihre Rede sehr persönlich und kann dadurch einen wichtigen Beitrag dazu leisten, dass dieser wichtige Tag im Leben der Absolventen in der Rede mit viel Humor und Originalität ganz individuell gewürdigt wird.

Anbei ein kurzes Beispiel, wie Sie die Gags in diesem Buch auf Ihre eigene Redesituation ummünzen können:

Der US-amerikanische Talkshow-Moderator Conan O'Brien sagte bei seiner Abschlussrede am Dartmouth College 2001 sinngemäß:

„Zum Halten einer Abschlussrede eingeladen zu sein, ist eine wirklich große Ehre für mich. Ich beschloss darum, meine Worte mit derselben Hingabe vorzubereiten, die viele von Ihnen beim Schreiben wichtiger Hausarbeiten an den Tag gelegt haben. Spät gestern Abend fing ich also an."

Der Gag lebt davon, dass er eine überraschende Parallele zwischen dem Redner und dem Alltag vieler Studenten herstellt.

Doch vermutlich ist Ihre Situation oder die Ihrer Zuhörer ein wenig anders. Passen Sie den Gag also an deren Lebensumstände an:

„Zum Halten einer Abschlussrede eingeladen zu sein, ist eine wirklich große Ehre für mich. Um meine Aufgabe besonders gut zu machen, beschloss ich darum, dieselbe Methode anzuwenden, die mir auch schon bei den Hausarbeiten während meines eigenen Studiums beste Dienste geleistet hatte. Ich tat also erst einmal nichts und ging ein Bier trinken.“

„Heute Abend die Rede zu unserem bestandenen Abitur halten zu dürfen, ist eine wirklich große Ehre für mich. Bei der Vorbereitung wollte ich darum nichts dem Zufall überlassen und beschloss darum, dieselbe Methode anzuwenden, die mir auch schon bei der Vorbereitung für die Abi-Klausuren gute Dienste geleistet hat. Spät gestern Abend habe ich darum erst mal eine Dose Red Bull getrunken und zwei Stunden lang Battlefield V gezockt. Dann habe ich im Internet geguckt, ob ich dort irgendetwas zum Thema Abitur finde. Bei Wikipedia stand, dass Abitur vom Lateinischen abire ‚abgehen‘ kommt. Ich nehme an, das kommt davon, dass unsere Abi-Party richtig ‚abgehen‘ wird.“

„Als ich erfuhr, dass ich heute eine Rede zu Ihrem Abschluss halten würde, bin ich am Anfang schon sehr nervös gewesen. Doch dann habe ich mich auf eine altbewährte Herangehensweise besonnen, der sich schon viele erfolgreiche Menschen beim Schreiben wichtiger Texte bedient haben. Ich krempelte also die Ärmel hoch, setzte mich an meinen Computer und suchte im Internet nach einem Ghostwriter.“

Jetzt sind Sie an der Reihe. Wie muss dieser Gag formuliert werden, damit er zu Ihnen und Ihrer Redesituation passt? Wenn Sie sich ein Extra-Fleißkärtchen verdienen möchten, schreiben Sie mindestens drei verschiedene Versionen und fragen Sie einen Freund oder ein Familienmitglied, welche Version die beste ist.

Geben Sie sich nicht zu leicht zufrieden, sondern überlegen Sie, bis der Humor in Ihrer Rede tatsächlich Ihr eigener ist. Ihr Publikum wird es Ihnen danken. Doch nun zu den Formulierungsvorschlägen für Redeeinstiege. Bei Abschlussreden gilt das Motto: Mit einem Feuerwerk loslegen und dann langsam steigern. Der Beginn Ihrer Rede ist dabei besonders wichtig, weil er den Kontext für alles schafft, was danach kommt. Der Einstieg muss darum sitzen. Der beste Weg, um Ihre Rede spektakulär zu beginnen und so die volle Aufmerksamkeit Ihrer Zuhörer zu gewinnen, ist ein Wort des Dankes gefolgt von einem kleinen Gag. Dann wissen die Zuhörer genau, was auf sie zukommt.

Lustige Einstiege für alle Gelegenheiten

„Zu Beginn meiner Rede möchte ich als Erstes den Lehrern danken. Die haben es bekanntlich nicht immer leicht mit ihren Schülern. Sie werden oft laut, können sich schlecht konzentrieren und verstehen über weite Strecken nicht, worum es im Unterricht eigentlich geht. Ganz richtig, ich rede von den Lehrern, nicht von den Schülern. Dass es unseren Lehrern trotz dieser enormen Defizite gelungen ist, alle hier anwesenden Absolventen erfolgreich auf ihren Abschluss vorzubereiten, verdient an dieser Stelle einen kräftigen Applaus, wie ich finde."

„Zuerst möchte ich mich sehr herzlich bedanken, sowohl bei der Hochschule, die mir die Ehre dieser Ansprache zuteilwerden lässt, als auch bei Ihnen, liebe Absolventinnen und Absolventen. Vielen Dank, dass Sie mir erlauben, Teil dieses unglaublich wichtigen Tages in Ihrem Leben zu sein. Ich weiß, Sie mussten in Ihrem Leben schon viel zuhören. Sie mussten viele Ratschläge über sich ergehen lassen. Zunächst mussten Sie den Lehrern in der Schule zuhören, später den Universitätsdozenten und Professoren - und jetzt auch noch mir. Aber keine Sorge, Sie haben es fast geschafft."

„Ich möchte mich zunächst herzlich dafür bedanken, heute zu Ihnen sprechen zu dürfen, denn heute ist ein ganz besonderer Tag. Es ist der Tag, an dem die Eltern froh sind, dass ihre Kinder die Schule geschafft haben, und die Lehrer froh sind, dass sie wieder eine Generation von Rabauken losgeworden sind."

Lustige Einstiege für Schüler und Studenten

Der Humor in Reden von Schülern, Auszubildenden und Studenten lebt oft davon, dass sie sich nach bestandenem Abschluss Dinge herausnehmen können, die sie sich wenige Wochen zuvor noch um jeden Preis verkniffen hätten. Und natürlich können nach bestandener Prüfung auch Geständnisse abgelegt oder zumindest angedeutet werden, die vor Kurzem noch das Bestehen der Prüfung gefährdet hätten.

„Eine Rede zum Abitur zu formulieren, ist so ähnlich wie eine Abiturklausur zu schreiben. Erst sitzt man davor und hat überhaupt keine Ahnung, wie man das schaffen soll. Dann isst man erst einmal in Ruhe einen Schokoriegel. Und am Ende wird einfach abgeschrieben, was das Zeug hält. Darum bedanke ich mich an dieser Stelle bei allen meinen Sitznachbarn für ihre Hilfe beim Bestehen des Abiturs und bei der Website abiredeschnellundleicht.de für die Hilfe beim Vorbereiten dieser Ansprache."

Absolventen wird es bei ihrer Rede vom Publikum nachgesehen, wenn sie ein wenig frech sind. Zum Beispiel so:

„Meine Rede heute ist eine wirklich große Ehre - vor allem für Sie, meine sehr geehrten Damen und Herren."

Auch kleine Sticheleien gegenüber den Lehrern sind erlaubt, solange sie das Maß des gesunden Anstands nicht überschreiten.

„Sollte meine Rede dem einen oder anderen im Publikum, insbesondere aus den Reihen des Lehrerkollegiums, nicht gefallen, ist das gar kein Problem. Kritik nehme ich gerne entgegen, werde sie aber umgehend an meine Deutschlehrerin Frau Röhrig weiterleiten. Schließlich trug sie für die Entwicklung meiner sprachlichen Fähigkeiten in den letzten Jahren die Verantwortung."

Wichtig ist auch, dass sich durch den Humor niemand persönlich verletzt oder beleidigt fühlt. Wann diese Schwelle überschritten ist, kann jeder Redner nur selbst beurteilen. Bei diesem Gag zum Beispiel ist Vorsicht geboten:

„Man sagt ja, Redner könnten ihre Nervosität vermindern, indem sie sich das Publikum nackt vorstellen. Ich habe nie verstanden, warum das funktionieren soll. Ich fühle mich bei dem Gedanken eher unwohl - besonders mit Herrn Direktor Müller im Publikum."

Und natürlich spielen Absolventen in ihren Reden immer wieder damit, dass sie möglicherweise über Informationen verfügen, die dem einen oder anderen im Publikum unangenehm sein könnten. Wichtig: In der Regel ist die Andeutung weit witziger und charmanter als das tatsächliche Ausplaudern von brisanten Informationen.

„Vor meiner Rede möchte ich zunächst meinen Eltern und meinen Lehrern danken. Ohne ihre unablässige Unterstützung hätte ich nie die Gelegenheit gehabt, hier zu stehen und meinen Abschlussjahrgang zu repräsentieren. Ich hatte eigentlich geplant, in meiner Rede ausgiebig von den lustigsten und peinlichsten Anekdoten der zurückliegenden Jahre zu erzählen. Da viele meiner Mitschüler ihr Schweigegeld unmittelbar vor meiner Ansprache aber noch einmal großzügig aufgestockt haben, habe ich jedoch die entsprechenden Passagen aus meiner Rede wieder gestrichen."

„Ich hatte eigentlich geplant, in meiner Rede ausgiebig von den lustigsten und peinlichsten Anekdoten der zurückliegenden Jahre zu erzählen. Da ich aber in den meisten dieser Geschichten zu den Protagonisten gehöre, hielt ich es für besser, diesen Teil aus meiner Rede zu streichen und allen meinen Kommilitoninnen und Kommilitonen für die wunderbare und ereignisreiche Zeit zu danken, die ich gemeinsam mit ihnen erleben durfte."

„Ich wurde eingeladen, heute die Abschlussrede zu halten. Ich habe diese Rede in aller Ruhe geschrieben und korrigiert. [Redner holt einen weißen gefalteten Zettel aus der Tasche und hält ihn hoch.] Ich habe diese Rede erst mit meiner Mutter besprochen und später an Herrn Direktor Müller geschickt und den Inhalt von ihm absegnen lassen. Dann habe ich mich gestern Abend aber noch mal an den Schreibtisch gesetzt, eine Flasche Wein ausgetrunken und eine zweite Rede getippt. [Redner holt einen zweiten Zettel aus der Tasche.] Und das ist die Rede, die ich jetzt gerne halten möchte."

Und natürlich freut sich das Publikum über exklusive Einblicke in den Ausbildungsalltag oder das Verhältnis der daran beteiligten Personen untereinander. Zum Beispiel:

„Liebe Absolventinnen und Absolventen, ich weiß nicht, ob ihr mich alle kennt. Mein Name ist Benjamin Strauß. Wir haben zusammen Abi gemacht. Wenn ihr euch nicht an mich erinnert, sucht mich einfach auf Instagram unter BenjaStrauss91."

„Als Herr Direktor Müller vor einigen Monaten überlegte, welche Schüler auf der Abi-Feier möglicherweise eine Rede halten könnten, stand mein Name ganz oben auf der Liste. Der Zettel mit der Liste trug die Überschrift: Worst-Case-Szenario."

„An einem Tag wie heute fällt es nicht jedem leicht zuzuhören. Manche sind noch besoffen vom Schnaps von gestern. Andere sind noch high vom Joint von heute Morgen. Trotzdem möchte ich euch bitten, mir noch einen Moment eurer Aufmerksamkeit zu schenken. Ihr habt es gleich geschafft."

Einstiege für Lehrer, Ausbilder, Professoren, Eltern und andere Oldies

Die Aufgabe von Rednern der älteren Generation besteht vor allem darin, Wertschätzung für das Bestehen der Prüfung auszudrücken und Tipps für die Zeit danach zu geben. Ein Augenzwinkern ist dabei an keiner Stelle verkehrt. Das gilt auch für den Einstieg.

„Der Übergang eines jungen Menschen in eine neue Lebensphase ist in allen Kulturen ein Anlass für Feierlichkeiten und Rituale. Bei den Zoé-Indianern im Amazonasdschungel wird den Jugendlichen bei der Feier ihrer vollständigen Stammesmitgliedschaft ein Holzpflock durch die Unterlippe getrieben. Wer bei den Massai in Ostafrika als Stammesmitglied anerkannt werden will, musste dazu noch bis vor wenigen Jahren alleine mit einem Speer einen Löwen erlegen. Und in der katholischen Kirche verpasste der Priester den Jugendlichen bei der Firmung früher eine Ohrfeige. Im Vergleich dazu kommen unsere Absolventen heute relativ glimpflich davon. Das Schlimmste, was ihnen heute noch passieren wird, ist, dass sie sich in den kommenden Minuten ein paar kluge Ratschläge anhören müssen."

Sympathisch ist es auch, wenn der Redner erkennen lässt, dass vielen im Publikum mehr nach Feiern als nach Zuhören zumute ist.

„Liebe Absolventinnen und Absolventen, ich weiß, viele von Ihnen haben in den letzten Nächten wenig geschlafen. Die meisten von Ihnen haben einen Kater. Doch Ihre Ausbildung ist

erst offiziell vorbei, wenn diese Rede vorbei ist. Also hören Sie mir bitte noch einen Augenblick zu."

Redner der älteren Generation verweisen zu Beginn gerne darauf, wie schnell die Zeit sich ändert. Zum Beispiel so:

„Liebe Gäste, wenn ich vom Rednerpult aus in die jungen Gesichter unser Absolventinnen und Absolventen schaue, dann fällt mir wieder ein, wie sehr die Welt sich verändert hat, seit ich mein eigenes Examen gemacht habe. In der Zeit, als mein Jahrgang die Uni verließ, kostete eine Kugel Eis noch 20 Pfennig, da haben wir noch Karten gespielt statt Computerspiele und man konnte mit einer Damenunterhose noch ein ganzes Fahrrad putzen."

Ähnlich hat es Komiker Stephen Colbert bei seiner Abschlussrede an der Northwestern University im Jahr 2011 formuliert:

„Früher hatten wir keine Handys. Wenn wir mit jemandem verabredet waren in Sturm oder Schnee und derjenige ist nicht aufgetaucht, musste man annehmen, derjenige sei von Wölfen verspeist worden, und das Leben ging weiter."

Redner der älteren Generation machen auch gerne Witze über den großen Altersunterschied zwischen ihnen und den Absolventen. Barack Obama scherzte bei seiner Rede an der Howard University 2010:

„Ich weiß noch, in der Zeit, als Sie eingeschult wurden, da habe ich oft gerne Witze gemacht, ich sei alt. Jetzt habe ich realisiert: Ich bin alt."

Die Schauspielerin Lisa Kudrow sagte bei ihrer Rede am Vassar College 2010 zu den Absolventen:

„Ich habe genau dagesessen, wo Sie jetzt sitzen. Vor genau 25 Jahren. [Seufzt merklich.] Ich erinnere mich noch genau, wie ich damals die Abschlussrede erlebt habe. Ich hatte in der Nacht zuvor lange gefeiert und nun saß ich da und habe alle paar Minuten das Bewusstsein verloren. [Schaut im Saal umher.] So wie der da! [Zeigt mit dem Finger mitten ins Publikum.]

Der Unternehmer Sumner Redstone sagte 2011 an der DeVry University: *„Ich wurde also eingeladen, um vor den Absolventinnen und Absolventen ein paar Lebensweisheiten zum Besten zu geben, an die sich deren Eltern noch nach vielen Jahren erinnern würden."*

Der Autor John Green sagte bei seiner Rede an der Butler University 2013: *„Von mir wird erwartet, dass ich ein paar Gedanken mit Ihnen teile, die hilfreich sein sollen, damit Sie sich im ‚echten Leben' zurechtfinden. Lassen Sie mich Ihnen zuallererst sagen, dass das Leben, das Sie vor sich haben, genauso real ist wie das Leben, das Sie bis jetzt bereits gelebt haben."*

Lustige Einstiege für Redner, die den Abschluss selbst nie erworben haben

Nicht selten kommt es vor, dass Redner bei einer Abschlussfeier sprechen, die selbst kein Abitur, keinen Meistertitel oder kein Diplom haben. Oft handelt es sich dabei um Persönlichkeiten, die im Leben der Absolventen eine wichtige Rolle spielen, etwa der Chef eines Unternehmens, das viele der Absolventen ausgebildet hat, oder ein Unternehmer, der ein wichtiger Förderer ihrer Hochschule ist.

Diese Redner stellen sich bei der Vorbereitung ihrer Rede oft die Frage, ob sie den fehlenden Abschluss überhaupt erwähnen sollten. Die Antwort auf diese Frage ist ein klares Ja. Wer es im Leben so weit bringt, dass er eingeladen wird, einem ganzen Jahrgang von Absolventen Ratschläge für die Zukunft zu erteilen, muss nichts aus seinem beruflichen Werdegang verbergen. Außerdem haben die Zuhörer ein Recht zu erfahren, wer der Redner ist und was ihm die Autorität zum Halten der Abschlussrede verleiht.

Die Tatsache, dass der Redner es zu etwas gebracht hat auch ohne den Abschluss, für den die Absolventen so hart schuften mussten, ist natürlich ein wenig kurios. Am besten begegnet man dem mit einer kleinen Pointe. Zum Beispiel so: *„Ich selbst habe kein Diplom. Ich habe nie Wirtschaft studiert. Für Frau Professor Yilmaz war es aber überhaupt kein Problem, dass ich zu ihren Studenten spreche. Sicherheitshalber hat sie mich aber erst zur Abschlussfeier eingeladen. Hätte ich zu Ihrer*

Einführungsveranstaltung gesprochen, würden heute vielleicht ein paar weniger von Ihnen hier sitzen."

Steve Jobs sagte bei seiner Abschlussrede in Stanford 2005: *„Ich selbst habe die Uni nie abgeschlossen. In der Tat: So nahe wie heute war ich einem Hochschulabschluss noch nie."*

„Liebe Absolventinnen und Absolventen, Ihnen und allen Ihren Kommilitonen möchte ich ganz herzlich zum bestandenen Hochschulabschluss gratulieren. Die Tatsache, dass ich selbst nicht studiert habe, lässt sich schon daran erkennen, dass ich beim Schreiben meiner Rede nachschlagen musste: Wie schreibt man eigentlich ‚Kommilitone'?"

„Ich selbst habe nie ein Studium abgeschlossen, ja, ich habe nicht einmal eines angefangen. Aber vielleicht bin ich darum besser geeignet, hier zu sprechen als viele andere. Denn ich habe immer noch diese Bewunderung für höhere Bildung, die viele meiner Freunde und Verwandten mit Hochschulabschluss nach Jahren in den Mühlen der Universitäten längst verloren haben."

Frech, aber grenzwertig ist diese Variante: *„Ich habe zwar kein Abi, dafür aber einen Swimmingpool und einen Porsche 911."*

In den USA wird an die Abschlussredner berühmter Universitäten regelmäßig ehrenhalber ein Doktortitel verliehen. Doch das passiert natürlich nicht immer und in Deutschland ist das eher unüblich. Auch damit kann der Redner spielen. Das hat zum Beispiel die Komikerin Mindy Kaling bei ihrer Abschlussrede 2014 in Harvard gemacht:

„Gerade weil ich selbst nie ein Studium abgeschlossen habe, bin ich besonders froh und stolz, heute zu Ihnen sprechen zu dürfen. Denn gleichzeitig wird mir heute auch ehrenhalber ein Doktortitel im Fach Kernphysik verliehen. Darauf dürfte vor allem meine Mutter besonders ... [Ein Angehöriger der Fakultät tritt ans Rednerpult und flüstert der Rednerin etwas zu. Die Rednerin unterbricht daraufhin kurz ihre Rede und tut so, als sei sie aus dem Konzept gebracht worden. Kurz darauf fährt sie aber fort.] ... Meine Damen und Herren, ich muss mich leider korrigieren. Es hat wohl ein Missverständnis gegeben. Offenbar bekomme ich keinen Doktortitel. Wie mir gerade mitgeteilt wurde, bekomme ich lediglich eine Führung durch die Fakultät

von jemandem, der einen Doktor hat. Wenn ich das mal vorher gewusst hätte. Aber gut, jetzt bin ich einmal hier, dann kann ich auch meine Rede halten."

Der Hauptteil

Nach dem Redeeinstieg kommt der Hauptteil der Rede. Hier wird der Blick auf das gelenkt, was die Absolventen bereits erreicht haben, und auf das, was noch vor ihnen liegt. Hier gibt es Ratschläge für die Berufswahl und allgemeine Bemerkungen über Prüfungen, den Erfolg und das Scheitern. Dies ist der Punkt, an dem der Redner über die Dinge spricht, die die Zuhörer nach der Rede noch in Erinnerung behalten sollen. Viele Redner schrauben hier den Humor ein wenig herunter, um nicht vom ernsten Kern abzulenken. Doch je nach Geschmack lässt sich auch hier der eine oder andere Gag unterbringen.

Über den Wert des erworbenen Abschlusses

Um die Leistung der Absolventen entsprechend zu würdigen, machen viele Redner Bemerkungen über die Prüfung, die die Absolventen bestanden haben, oder über den Wert von Abschlüssen allgemein. Dabei gilt wie überall in der Abschlussrede: Bloß nicht zu trocken oder akademisch daherkommen. Besser ist es, die Absolventen und die übrigen Zuhörer ein wenig zu provozieren. Das schafft Aufmerksamkeit und sorgt für Unterhaltung.

„Liebe Absolventen, heute haben Sie etwas Besonderes geschafft. Etwas, das nur etwa 20 Prozent eines jeden Jahrgangs gelingt: Sie haben ein Studium abgeschlossen. Manche von Ihnen werden jetzt denken, dass sie nun gegenüber den übrigen 80 Prozent einen großen Vorteil haben. Wie groß dieser Vorteil ist, wird vor allem dann klar, wenn man sich einmal anschaut, wer zu diesen 80 Prozent gehört. Es sind Hungerleider wie der Softwareunternehmer Bill Gates oder der Internetunternehmer Mark Zuckerberg. Versager wie die Fernsehmoderatoren Stefan Raab oder Günther Jauch. Lowperformer wie Telekom-Chef René Obermann, Apple-Gründer Steve Jobs, Designer Wolfgang Joop, Frauenrechtlerin Alice Schwarzer oder Literaturnobelpreisträgerin Doris Lessing. Aber mal ernsthaft: Auf den Lorbeeren Ihres bestandenen Studiums sollten Sie sich nicht allzu lange ausruhen. Viele der anderen sind mindestens genauso smart wie Sie.“

„Eine der ersten Aufgaben meiner heutigen Rede besteht darin, Ihnen klarzumachen, dass das Leben nicht gerecht ist. Sie haben für Ihren Abschluss gelesen und gebüffelt, während andere ihren Doktortitel hinterhergeschmissen bekommen. Oprah Winfrey bekam einen Ehrendoktor für ihre Arbeit als Fernsehmoderatorin, Ben Affleck und Robert De Niro für ihre Arbeit als Schauspieler, J. K. Rowling für ihre Harry-Potter-Bücher. Auch ‚Sex and the City'-Star Kim Cattrall, Musiker Bob Dylan und Actionstar Arnold Schwarzenegger haben Doktortitel bekommen, ohne dafür je ein Buch in die Hand nehmen zu müssen. Sie finden das unfair? Wie gesagt: Die Welt ist nicht fair."

„Nehmen wir an, Sie säßen heute nicht hier. Nehmen wir an, Sie hätten die Schule vor dem Abi abgebrochen: Welche Chancen hätten Sie dann? Wäre Ihre Zukunft verbaut? Nun ja, Sie könnten immer noch Literaturnobelpreisträger werden wie Thomas Mann. Oder Bundesaußenminister wie Joschka Fischer. Sie könnten internationale Hits landen wie die Sängerin Nena. All diese Leute haben keine Hochschulreife – und sie haben es dennoch im Leben zu etwas gebracht – oder nicht?"

„Paul Würdig hat das Gymnasium in der elften Klasse verlassen. Er sagt sogar, ein Abitur wäre auf seinem Weg zum Erfolg ein Hindernis gewesen. Weiß jemand von Ihnen, wer Paul Würdig ist? Unter seinem Rapper-Namen Sido ist Paul Würdig nicht nur bekannt, sondern auch einigermaßen reich geworden. Ein Abitur, sagt Würdig, hätte sein Image als Gangster-Rapper schwer beschädigt. Die Frage, welchen Wert das Abitur für Ihr Leben haben wird, können Sie nur selbst beantworten."

„Sollten Sie in den kommenden Jahren einen Weg einschlagen, der mit dem Thema Ihres Abschlusses auf den ersten Blick sehr wenig zu tun hat, lassen Sie sich nicht verunsichern. Machen Sie sich klar, dass das Gelernte Ihnen auf jeden Fall gute Dienste leisten wird. So war es jedenfalls bei Mr.-Bean-Darsteller Rowan Atkinson. Der hat vor seiner Schauspielkarriere an der englischen Elite-Uni Oxford einen Abschluss als Elektroingenieur gemacht. Ebenso bei ‚Hulk'-Darsteller Edward Norton, der vor seiner Schauspielkarriere an der Yale University Geschichte studiert hat. Ebenso bei Tatort-Kommissarin Maria Furtwängler, die eigentlich promovierte Ärztin ist, oder bei Hollywoodstar Whoopi Goldberg. Sie hat einen Doktor in Literaturwissenschaften."

„Wenn Sie sich angewöhnen, sich selbst nicht immer den Verdienst für Ihre Erfolge zuzuschreiben und gleichzeitig andere nicht für Ihre Fehlschläge verantwortlich zu machen, werden Sie wird Bescheidenheit und Einfühlungsvermögen finden. Zwei Fähigkeiten, die Sie im Leben weiter voranbringen werden als jeder Schul- oder Studienabschluss."

„Die meisten von Ihnen haben vermutlich schon einmal den Satz gehört, dass es gar nicht so sehr auf die Fakten ankomme, die Sie für Ihren Abschluss gelernt hätten. Wichtig sei, dass Sie gelernt hätten, richtig zu denken. Ich habe diesen Satz immer gehasst, impliziert er doch, dass ich vor meiner Prüfung nicht richtig denken konnte. Und doch musste ich im Laufe der Jahre feststellen, dass an der Aussage wirklich etwas dran ist."

Über Erfolg, Ziele, Pläne und Träume

Je mehr sich der Redner dem Kern seiner Rede nähert, je mehr Ernst verträgt die Rede, ohne dass das Publikum dies langweilig findet.

Im Mittelteil kann der Humor ein wenig zurückgefahren werden, um die Zuhörer nicht von der eigentlichen Botschaft der Rede abzulenken. Das können zum Beispiel Ansichten darüber sein, was im Leben wirklich wichtig ist.

Denzel Washington sagte bei seiner Rede an der Dillard University 2017: *„Träume ohne Ziele sind nur Träume – und führen am Ende zu Enttäuschungen. Behalten Sie Ihre Träume. Doch wählen Sie auch Ziele."*

„Vergessen Sie nie: Erfolg besteht nicht darin, Geld und Anerkennung anzuhäufen. Erfolg besteht darin, das Leben der Menschen, die Ihnen begegnen, besser und glücklicher zu machen."

Talkmaster Jimmy Kimmel sagte bei seiner Abschlussrede am Thomas & Mack Center in Las Vegas 2013 sinngemäß: *„Sie brauchen keinen Plan für Ihr Leben. Wissen Sie, wer einen Plan für sein Leben hatte? Napoleon hatte einen Plan für sein Leben, Stalin hatte einen Plan und – na ja, Sie wissen schon – hatte auch* *einen. Sie brauchen keinen Plan für Ihr Leben. Was Sie aber unbedingt brauchen, ist ein Plan für nächste Woche.“*

„Mit den Jahren und infolge einiger schmerzhafter Misserfolge hat sich meine Vorstellung von Erfolg geändert. Ich habe gelernt, dass Erfolg vor allem darin besteht, ehrlich zu sich selbst zu sein und sich nicht zu sehr zu verbiegen. Vor allem besteht Erfolg darin, anderen Menschen dabei zu helfen, erfolgreich zu sein.“

„Ab heute sind Sie die Generation, auf deren Leistungen und Erfolgen zukünftige Generationen aufbauen. Sie sind nun die Generation, unter deren Fehlern zukünftige Generationen leiden werden. Machen Sie sich diese Verantwortung bewusst.“

Allerdings müssen Sie auf den Humor nicht gänzlich verzichten, wenn Sie über ernsthafte Ansichten sprechen.

„Wenn Ihnen jemand sagt, dass Sie Ihrem Traum folgen sollen, dann mag das richtig sein. Doch machen Sie sich klar, dass Ihre Träume nichts Statisches sind, dass sie wachsen und sich verändern. Ihr Lebenstraum von heute muss nicht derselbe sein wie Ihr Traum mit 32, mit 42 oder mit 52. In meinem Abi-Jahrgang hatten wir einen Schüler, der ganz sicher war, eines Tages Bundeskanzler zu werden. Er betreibt heute eine Kneipe auf Koh Samui.“

„Ihre Vorstellung von Erfolg wird sich im Laufe der Zeit ändern. Bei mir war es auch so. Als Teenager dachte ich, man sei erfolgreich, wenn man einen Porsche fährt und sich teure Klamotten leisten kann. An dem Tag, als ich selbst den Abschluss gemacht habe, den Sie heute feiern, dachte ich, man sei erfolgreich, wenn man nacheinander fünf Tequilas herunterstürzen kann.“

„Ich bin heute hier, um Ihnen zu sagen, dass Ihre Träume sich mit den Jahren verändern werden. Welchem Traum Sie auch immer folgen, lassen Sie sich nicht von Ihren Träumen definieren. Im Laufe Ihres Studiums haben Sie vielleicht bereits Ihren Studienschwerpunkt geändert, Sie haben Ihre Frisur geändert und Sie haben möglicherweise Ihr soziales Umfeld verändert. Mancher hat vielleicht sogar seine sexuelle Orientierung geändert. Das ist vollkommen in Ordnung.“

Der Komiker Lewis Black sagte bei seiner Rede am Thurgood Marshall College 2013 sinngemäß:

„Das Geheimnis wahrhaft glücklicher Menschen ist, dass sie bedingungslos ihrem Traum gefolgt sind. Das ist das Einzige, was man braucht. Vielleicht noch die große Liebe. Ach ja, und eine private Krankenversicherung, damit man beim Arzt schneller drankommt."

Über Fehler, das Scheitern und Bauchlandungen

Ein besonders beliebtes Thema in Abschlussreden ist der Umgang mit dem Scheitern. Das ergibt Sinn, denn während ihrer Ausbildung geht es für Schüler und Studenten vor allem darum, Prüfungen zu bestehen und das Scheitern um jeden Preis zu vermeiden.

Doch im Erwachsenenleben läuft es oft anders. Da muss man nicht lernen, um zu bestehen. Man muss auch mal scheitern, um etwas zu lernen. Diese Weisheit versuchen sehr viele Redner kunstvoll zu verpacken.

„Ich versuche nicht, Ihnen zu erzählen, dass Bauchlandungen Spaß machen. Ich will Ihnen aber sagen, dass sie nichts Schlimmes sind. Ich will Ihnen sagen, dass Fehler einen im Leben weiterbringen können, sofern man richtig damit umgeht."

„Es geht darum, nicht in falschen Entscheidungen zu verharren, sondern seinen Weg mit neuen Erkenntnissen im Gepäck fortzusetzen. Stolpern ist okay, solange Ihre Fehler Sie weiterbringen. Stolpern ist okay, solange Sie sich nach vorne stolpern."

„Sie alle werden im Laufe Ihres Berufslebens Entscheidungen treffen, die sich später als falsch herausstellen. Das gilt für kleine Entscheidungen, zum Beispiel eine Blümchenkrawatte im Vorstellungsgespräch, ebenso wie für die ganz großen Entscheidungen, zum Beispiel den Umzug für den Job in eine andere Stadt."

J. K. Rowling sagte bei ihrer Abschlussrede in Harvard: *„Es ist vollkommen unmöglich, zu leben ohne zu scheitern. Es sei denn,*

Sie leben extrem vorsichtig. Doch dann wird es Ihnen am Ende möglicherweise so vorkommen, als hätten Sie gar nicht gelebt."

Wenn Sie sichergehen möchten, dass Ihre Gedanken nicht schulmeisterlich daherkommen, sollten Sie keinen Zweifel daran lassen, dass auch Sie in Ihrem Leben einige Fehler gemacht haben.

Der Autor George Saunders sagte bei einer Rede an der Syracuse University: *„Über die Jahrhunderte hat sich für Veranstaltungen wie diese eine gewisse Tradition herausgebildet: Irgendein alter Knacker, dessen beste Jahre schon lange vorbei sind und der im Laufe seines Lebens eine schier endlose Serie von Fehlschlägen erlebt hat - die Rede ist von mir -, gibt Ratschläge an eine Gruppe von gut aussehenden, strahlenden und brillanten jungen Menschen, die ihr ganzes Leben noch vor sich haben - die Rede ist von Ihnen. Liebe Absolventinnen und Absolventen, diese alte Tradition werde auch ich befolgen."*

Tipps für die Berufswahl

Wer denkt, dass alle Medizinabsolventen den Rest ihres Lebens ein Stethoskop um den Hals tragen und dass alle Schreinergesellen bis zur Rente mit einem Bleistift hinter dem Ohr herumlaufen, der verkennt, wie dynamisch der Arbeitsmarkt geworden ist. Viele Absolventen wollen nicht 30 Jahre im selben Beruf arbeiten und wünschen sich eine abwechslungsreiche Laufbahn. Viele bekommen auch gar nicht die Gelegenheit, im angestrebten Beruf zu arbeiten.

Redner, die diesem Umstand Rechnung tragen, zeigen Einfühlungsvermögen für ihr Publikum. Sie wissen, dass viele unter ihren Zuhörern nicht nur glücklich sind über den Abschluss, sondern sich auch die Frage stellen, was sie damit anstellen sollen.

Der Tag des Schul- oder Studienabschlusses ist für viele Absolventen auch ein Tag großer Ungewissheit. Hier finden Sie einige Ideen, wie dies in der Abschlussrede angesprochen werden kann. Steven Spielberg hat dies bei seiner Rede vor den Absolventen der Harvard University im Jahr 2016 zum Beispiel so gemacht:

„Sie müssen sich entscheiden, wo Sie im Leben hinmöchten. Im Film nennt man das den Moment, der den Charakter definiert. Das ist zum Beispiel der Moment, wo Indiana Jones sich entscheidet, die Welt zu retten, und dazu in eine Grube voller Schlangen springt. Was immer Ihr entscheidender Moment sein wird – er könnte sich anfühlen, als würden Sie in eine Grube voller Schlangen springen. Doch das gehört für viele von uns im Leben dazu."

Jimmy Kimmel sagte bei seiner Abschlussrede am Thomas & Mack Center in Las Vegas 2013 sinngemäß:

„Nicht jeder kann einen Traumjob haben. Nicht jeder kann Hollywoodschauspieler oder Astronaut sein. Wenn jeder seinen Traumjob ausüben würde, hätte keiner von uns eine funktionierende Klospülung."

„In Kinofilmen erlebt die Protagonistin oder der Protagonist in der Regel nur einen Moment, der den Charakter definiert. Doch die Realität ist eine einzige Aneinanderreihung solcher Momente. Je früher Sie sich daran gewöhnen, diese Momente zu meistern, je leichter wird es Ihnen mit der Zeit fallen. Am besten fangen Sie gleich heute damit an."

„Wenn Sie auf Ihrem weiteren Lebensweg für sich selbst die richtigen Entscheidungen treffen wollen, kann es sinnvoll sein, sich den Unterschied zwischen Verstand und Intuition bewusst zu machen. Denn Ihr Verstand sagt Ihnen allzu oft, was Sie tun sollten. Doch Ihre Intuition sagt Ihnen, was Sie tun könnten. Und das ist genau die Stimme, auf die es sich lohnt, hier und da zu hören."

Für die Wahl eines falschen Karrierewegs hat der Mythenforscher Joseph Campbell einmal folgendes Bild verwendet:

„Wählen Sie keinen Beruf, den Sie nicht wirklich von Herzen ausüben wollen, nur weil Sie dort viel Geld verdienen oder viel Ansehen erwerben können. Sonst erreichen Sie eines Tages möglicherweise die Spitze der Leiter, nur um festzustellen, dass sie an die falsche Wand angelehnt war."

Und natürlich sollte auch beim Thema Berufswahl immer ein bisschen Humor mitschwingen.

„Manche von Ihnen möchte insgeheim vielleicht gerne Rechtsanwältin werden, doch weiß nicht, wie sie es ihren Eltern beibringen soll, die sich so sehr wünschen, dass das Kind einmal Tänzerin wird."

Rückblick: Was die Absolventen hinter sich haben

Bei Abschlussreden sitzen im Publikum Menschen, die eine prägende Zeit in ihrem Leben für immer hinter sich lassen. Diesem Umstand gilt es Rechnung zu tragen. Den Stolz der Absolventen und ihre Freude über die eigene Leistung können Sie mit Anerkennung aufgreifen – und mit Humor. Zum Beispiel so:

„Wir haben nicht nur Mathe gelernt, uns mit Literatur auseinandergesetzt und etwas über geschichtliche Zusammenhänge begriffen. Wir haben auch unser Erinnerungsvermögen trainiert und gelernt, uns zu konzentrieren. [Redner hält kurz inne.] Äh, wo war ich gerade noch mal?"

„Zwölf aufregende Schuljahre liegen hinter uns. Wir sangen Hits, deren Texte wir nicht verstehen konnten, weil wir im Englischunterricht nicht aufgepasst haben. Ein Vollrausch traf uns nach zehn Gläsern Bier völlig überraschend, weil wir auch im Biounterricht nicht aufgepasst haben. Und ständig hatten wir zu wenig Geld in den Taschen. Wie wenig genau, das wussten wir nicht, weil wir auch im Matheunterricht nicht zugehört haben. Und doch haben wir das Abitur geschafft und werden nun auf die Welt losgelassen."

„Viel für unser Leben haben wir in den letzten Jahren gelernt. Wir haben erfahren, dass man für einen Abschluss hart arbeiten muss, dass das Leben nicht immer fair ist. Wir haben gelernt, uns gegenseitig zu unterstützen und einander zu helfen. Doch vor allem haben wir festgestellt, dass wir der coolste und attraktivste Abschlussjahrgang aller Zeiten sind."

„Liebe Absolventinnen und Absolventen, ist es nicht großartig, was wir in den zurückliegenden Jahren alles erlebt haben? Da war die erste gemeinsame Klassenfahrt, die erste Party, der erste

Vollrausch, der erste Kuss, die erste Freundin, die zweite Freundin, die dritte Freundin, die Erkenntnis, dass es an dir liegt. Da war die Abschlussprüfung, der zweite Versuch zum Bestehen der Abschlussprüfung und wieder die Erkenntnis, dass es an dir gelegen hat. Doch jetzt haben wir es tatsächlich geschafft.“

„Als Sie eingeschult wurden, sagten Ihnen die Erwachsenen, jetzt beginne der Ernst des Lebens. Doch in der Schule fühlte es sich überhaupt nicht ernst an, weil Sie den ganzen Morgen mit Ihren Freunden zusammen waren und Blödsinn gemacht haben. In der Oberstufe sagten sie Ihnen dann, dass die Schule bald vorbei sei. Sie sollten die Zeit unbedingt genießen, schließlich sei dies die schönste Zeit Ihres Lebens. Doch das fühlte sich nicht so an, weil Sie jetzt jeden Tag drei Stunden Mathe, Bio und Englisch büffeln mussten. Was immer Ihnen heute von den Erwachsenen gesagt wird, sollten Sie mit der gebotenen Skepsis betrachten.“

„Die Schulzeit war nicht leicht. Es hat ewig gedauert, bis wir es ganz nach oben geschafft haben, bis wir die Ältesten an der Schule waren, die Coolsten, die Klügsten. Und jetzt sind wir damit fertig und fangen an der Uni wieder ganz unten an.“

Für Lacher sorgen kann auch eine selbstironische Anspielung auf die eigene Reife:

„Natürlich haben wir während unserer Schulzeit auch viele Enttäuschungen erlebt. Ich jedenfalls habe das. Ich weiß noch, als ich zum ersten Mal den Film ‚Spiderman‘ gesehen habe. Danach bin ich aufgesprungen und habe zu meiner Mutter gesagt: ‚Mama, wenn ich groß bin, will ich auch Spiderman werden.‘ Doch meine Mutter sagte, ich solle stattdessen lieber fürs Abi lernen. Die Klausuren seien schließlich in einer Woche.“

Ratschläge für die Zukunft

Tipps für die Zeit nach dem Abschluss sind der Kern der meisten Abschlussreden, insbesondere wenn sie von einem Lehrer, Professor, Ausbilder oder einem anderen Mitglied der älteren Generation gehalten werden. Doch auch Absolventen können in ihren Reden Ratschläge für die Zukunft erteilen. Was den Aufbau dieses Teils Ihrer Rede angeht, müssen Sie sich keine allzu großen Gedanken machen. Die meisten Redner leiten diesen Teil damit ein, dass sie Weisheiten versprechen, die sie für wichtig halten, und beginnen etwa so:

„Hier sind meine fünf Tipps für das Leben nach der Uni."

„Jetzt kommen drei Weisheiten, die schon der Redner bei meiner Abi-Feier zum Besten gegeben hat und mit denen mir mancher Fehlschlag nach dem Abi bestimmt erspart geblieben wäre, hätte ich zugehört."

„Als ich mich auf diese Rede vorbereitet habe, habe ich mich gefragt, was ich selbst gerne gewusst hätte und welche wichtigen Lektionen ich in der Zwischenzeit gelernt habe. Drei Punkte fand ich besonders wichtig."

„Wenn ich zurückblicke auf die 18-Jährige, die damals Abitur gemacht hat, ist das eine etwas unangenehme Erfahrung für die 42-Jährige, die heute vor Ihnen steht. Viel gab es zu lernen und einige Lektionen waren ziemlich schmerzhaft. Damit Ihnen die eine oder andere Bauchlandung erspart bleibt, habe ich drei Ratschläge für Sie."

Nun kommen Sie zu den eigentlichen Tipps. Schicken Sie jeweils eine kurze Überschrift vorweg, damit die Zuhörer wissen, worum es geht, und damit sie bemerken, wenn Sie zum nächsten Punkt übergehen.

„Hetzen Sie nicht. Es ist nicht notwendig, dass Sie schon heute wissen, was Sie mit dem Rest Ihres Lebens anfangen möchten. Ich sage nicht, dass Sie erst einmal ein halbes Jahr am Strand sitzen und Joints rauchen sollen. Aber nehmen Sie sich die Zeit, um Ihren Weg im Leben zu finden. Die meisten Leute, die ich kenne, die mit 20 schon genau wussten, was sie wollten, hatten mit 40 eine Midlife-Crisis."

„Folgen Sie geduldig Ihrem Weg. Der Mythenforscher Joseph Campbell ist von einem seiner Schüler einmal gefragt worden, ob er ihm zutraue, Schriftsteller zu werden. Campbell fragte den Schüler, ob der sich zutraue, zehn oder mehr Jahre zu versuchen, Schriftsteller zu werden. Fragen Sie sich also, was Ihr ganz eigener Weg ist und wie lange Sie die Unsicherheit auf diesem Weg wohl aushalten werden. Und dann machen Sie sich auf."

„Werden Sie ein Lehrer. Damit will ich nicht sagen, dass Sie den Rest Ihres Lebens in Klassen- oder Seminarräumen verbringen sollten. Doch ich fordere Sie auf, den Wert der Bildung zu erkennen, die Sie in Ihrer Ausbildung erworben haben. Betrachten Sie diesen Wert nicht als selbstverständlich. Seien Sie großzügig mit Ihrem Wissen und teilen Sie es mit anderen, wann immer Sie die Möglichkeit haben."

„Glauben Sie an sich selbst. Neulich kam eine junge Frau auf mich zu, die gebeten worden war, eine Aufgabe zu übernehmen, mit der sie überhaupt keine Erfahrung hatte. Sie fragte mich, wie sie an die Sache herangehen sollte, und ich sagte zu ihr: Tun Sie einfach so, als wären Sie jemand, der noch nie etwas anderes gemacht hat. Ich meinte damit nicht, dass die Frau andere über ihre Fähigkeiten täuschen sollte. Was ich ihr empfahl, diente dazu, sie selbst zu täuschen über die Grenzen ihrer eigenen Möglichkeiten. Einen Monat später schrieb sie mir eine E-Mail und erzählte, dass sie die Aufgabe mit Bravour gemeistert hätte."

„Hören Sie zu. Heute mag der Tag sein, an dem die endlosen Stunden im Hörsaal für Sie vorbei sind. Das bedeutet aber nicht, dass Sie von heute an überhaupt nicht mehr zuhören müssen. Im Gegenteil: Das Zuhören sollte für Sie niemals vorbei sein, egal ob Sie Ihren zukünftigen Arbeitskollegen zuhören, ob Sie Weiterbildungskurse besuchen oder ob Sie aufmerksam sind für das, was Ihre Familienmitglieder und Freunde von sich geben. Hören Sie nie damit auf zuzuhören."

„Mein nächster Tipp an Sie: Seien Sie weise. Einige von Ihnen werden jetzt denken: Moment mal. Ich bin aber gar nicht weise. Ich habe von nichts eine Ahnung. Doch das ist überhaupt kein Problem. Denken Sie einfach an einen weisen Menschen, den Sie kennen, und machen Sie einfach immer genau das, was dieser Mensch in Ihrer Situation tun würde."

„Seien Sie dankbar. Mit Dankbarkeit ist keine Gemütshaltung gemeint, sondern eine Gewohnheit. Verschicken Sie jede Woche mindestens eine Dankeskarte oder Dankes-E-Mail. Wenn Sie nicht genau wissen, bei wem Sie sich bedanken sollen, ist es dringend an der Zeit, dass Sie sich hinsetzen und darüber nachdenken. Allein dazu, dass Sie heute hier sitzen und Ihren Abschluss feiern, haben unzählige Menschen einen Beitrag geleistet, ohne den dieser Tag so nicht stattfinden könnte: Ihre

Eltern, Großeltern und Urgroßeltern haben dazu beigetragen, ebenso Ihre Lehrer, alle Mitarbeiter Ihrer Schule, die Autoren, die Ihre Lehrbücher geschrieben haben, und so weiter. Fangen Sie noch heute damit an, Danke zu sagen – und hören Sie am besten nie wieder damit auf.“

„Hören Sie auf, andere für Ihre Fehlentscheidungen verantwortlich zu machen. Viele von Ihnen hatten in der Vergangenheit damit zu kämpfen, dass ihre Eltern, Lehrer oder Verwandten Empfehlungen aussprechen, die mit ihren eigenen Plänen schwer zu vereinbaren gewesen sind. Doch Beschwerden über die Beeinflussung von anderen haben ein Verfallsdatum. Und dieses Datum ist heute. Rechenschaft ablegen für Ihre Entscheidungen müssen Sie von nun an nur noch bei einer Person: sich selbst.“

„Lassen Sie sich nicht ablenken. Meine Generation hatte es da noch ein wenig leichter. Damals gab es noch kein YouTube, kein Facebook und kein WhatsApp. Twittern war damals noch etwas, das die Vögel draußen vor dem Fenster taten. Darum rate ich Ihnen: Lassen Sie sich nicht zu sehr ablenken von all den Dingen, die jeden Tag auf Sie einströmen. Hören Sie auf sich selbst. Horchen Sie regelmäßig auch in sich selbst hinein.“

Der Schauspieler Fred Armisen sagte bei seiner Rede an der Oregon Episcopal School 2011 sinngemäß: *„Denken Sie immer daran, dass es nicht nur eine richtige Methode gibt, etwas zu tun. Wenn Sie versuchen, eine Schraube zu lösen, und Sie drehen linksherum und rechtsherum und das blöde Ding geht einfach nicht ab, müssen Sie sich etwas einfallen lassen. Manchmal muss man einen Hammer nehmen und kräftig draufhauen. Das gilt fürs Heimwerken wie fürs Leben.“*

Das Publikum freut sich natürlich, wenn Sie Ihre Ratschläge besonders originell formulieren. Der Autor Neil Gaiman hat das bei seiner Abschlussrede an der University of the Arts in Philadelphia 2012 so gemacht:

„Seien Sie nett, seien Sie pünktlich, arbeiten Sie gut. Wer diese drei Punkte beachtet, wird in seinem Leben immer Arbeit finden. Wenn Sie immer freundlich sind, wenn Sie Ihre Arbeit immer rechtzeitig abgeben und wenn Ihre Arbeit immer exzellent ist, wird der Arbeitsmarkt einfach nicht an Ihnen vorbeikommen.

Und selbst wenn Sie nur zwei dieser Punkte beachten, sollte einer erfolgreichen Zukunft nichts im Wege stehen. Ihre Kollegen werden es tolerieren, dass Sie so ein Stinkstiefel sind, wenn Ihre herausragende Arbeit immer pünktlich fertig ist. Man wird Ihnen Verspätungen verzeihen, wenn Sie immer freundlich sind und die Ergebnisse Ihrer Arbeit hervorragend. Und Sie müssen nicht so gut sein wie alle anderen, solange Sie rechtzeitig aufkreuzen und alle sagen, was für ein netter Kerl Sie sind."

Und noch ein paar allgemeine Ratschläge:

„Vergessen Sie nie: Sie können sich nicht entschuldigen. Sie können nur um Entschuldigung bitten. Respekt bekommt man nicht, den muss man sich verdienen. Und Chancen hat man nicht. Die muss man sich schaffen."

„Da fällt mir ein einfacher Ratschlag ein, den mir mein Vater zu Beginn meines Berufslebens gegeben hat. Er sagte zu mir: ‚Junge, erscheine immer zur vereinbarten Zeit, mach immer das, was du versprochen hast, und sage immer Bitte und Danke. Allein damit wirst du 50 Prozent der Konkurrenz hinter dir lassen.'"

Wenn Sie tiefe philosophische Fragen ansprechen möchten, sollten Sie diese für Ihre Zuhörer ansprechend verpacken. Gut gelungen ist das dem Komiker und Musiker Tim Minchin bei seiner Rede an den Abschlussjahrgang des Jahres 2013 an der University of Western Australia. Sinngemäß sagte er darin:

„Ein abgeschlossenes Studium ist etwas Großartiges. Aber das angesammelte Wissen verleitet einen dazu, die tiefere Bedeutung in etwas zu sehen, das eigentlich gar keine tiefere Bedeutung hat. Lassen Sie mich Ihnen versichern: Das Leben hat keinen tieferen Sinn. Nach einem tieferen Sinn zu suchen, ist, als würden Sie nach dem Versmaß in einem Kochbuch suchen. Sie werden es nicht finden und dabei auch noch die Tomatensoße versauen."

Sie können die Stimmung im Publikum auch dadurch auflockern, dass Sie Ihre Zuhörer zur aktiven Mitwirkung auffordern. Zum Beispiel so:

„Halten Sie Blickkontakt. Dieser Ratschlag gilt in besonderem Maße für diejenigen von Ihnen, die in diesem Moment auf ihr Handy gucken. Doch er gilt natürlich auch für uns alle. Wir alle verbringen mittlerweile mehr Zeit damit, nach unten auf unsere

Mobilgeräte zu glotzen, als damit, uns gegenseitig in die Augen zu gucken. Darum schlage ich vor, dass wir alle für einen kurzen Moment damit aufhören und uns gegenseitig in die Augen schauen. Jeder von Ihnen! Bitte schauen Sie sich um und finden Sie jemanden, dem oder der Sie in die Augen gucken können. Wenden Sie sich jemandem zu, den Sie nicht kennen, und lassen Sie die Blicke sich kreuzen. Bald fühlen Sie Intimität mit einem Fremden – möglicherweise gemischt mit einem gewissen Unbehagen?"

Und natürlich dürfen auch die klugen Ratschläge mit einer Prise Humor gewürzt werden:

„Geben Sie niemals auf. Manchmal muss man im Leben durchhalten und dranbleiben. Es sei denn, Sie sind in einen Faustkampf mit Wladimir Klitschko verwickelt. Dann geben Sie bitte sofort auf."

„Wenn ich meinem 21-jährigen Selbst nur einen einzigen Ratschlag geben könnte, welcher würde es sein? Darüber habe ich in den letzten Tagen viel nachgedacht. Mein Ergebnis: Mach so viele Bikinifotos, wie du nur kannst."

„Folgen Sie Ihrem Traum. Es sei denn, es ist Ihr Traum, Autos zu klauen und damit Banken auszurauben. Dann übernehmen Sie bitte die Lottobude von Ihrem Onkel Otto."

„Um meinen nächsten Tipp zu verstehen, müssen Sie sich klarmachen, warum kluge Ratschläge in aller Regel ungefragt und kostenfrei erteilt werden. Das liegt nämlich daran, dass sie einem in der Regel wenig weiterhelfen. Darum erteile ich Ihnen hiermit folgenden Ratschlag: Hören Sie nicht auf kluge Ratschläge."

Die Schauspielerin Amy Poehler empfahl einem Collegejahrgang in Harvard 2011: *„Dass Sie sehr klug sind, bedeutet nicht, dass Sie nicht auch mal sagen dürften: ‚Das weiß ich nicht.' Dass Sie gefragt sind, bedeutet nicht, dass Sie nicht auch mal sagen dürften: ‚Ich benötige noch etwas Bedenkzeit.' Was ich Ihnen gerade gesagt habe, könnte sich schon bald als hilfreich erweisen, nämlich wenn Ihre Eltern fragen, wann Sie sich endlich einen Job suchen und ausziehen. Dann sagen Sie: ‚Das weiß ich nicht. Ich benötige noch etwas Bedenkzeit.'"*

Auch ein bisschen Selbstironie ist nicht verkehrt. Der ehemalige US-Präsident George W. Bush sagte bei seiner Rede an der Southern Methodist University: *„Alle, die ihren Abschluss erfolgreich erworben haben, möchte ich heute ausdrücklich loben: Ihr habt das gut gemacht! Und den Absolventen mit eher durchschnittlichen Abschlüssen möchte ich zurufen: Auch Ihr könnt Präsident werden."*

Am Ende Ihrer Ratschläge können Sie Ihre Zuhörer beruhigen:

„Möglicherweise finden Sie einige meiner Tipps inspirierend, vermutlich finden Sie manche auch langweilig. Ganz sicher werden Sie alle in der kommenden Woche bereits vergessen haben."

Oft gehörte Ratschläge, die man nicht befolgen sollte

Manche Empfehlungen aus Karriereratgebern und Lebenshilfetalkshows wurden schon so oft ausgesprochen, dass mancher sie einfach nicht mehr hören kann. Für alle, denen die Selbsthilfetipps zum Hals heraushängen, gibt es hier ein paar Ratschläge, die man besser nicht befolgen sollte. Vielleicht fallen Ihnen auch ein paar dieser Ratschläge ein, die Sie in Ihrer Rede auf die Schippe nehmen können. Etwa so:

„Sie brauchen keinen Traum für Ihre Zukunft. Wenn Sie einen wirklich großen Traum für Ihr Leben haben, werden Sie zu dem Zeitpunkt, wo Sie ihn erreicht haben, alt und verbraucht sein. Wenn es so weit ist, wird Ihr Traum ziemlich egal sein. Warum sollten Sie sich überhaupt damit aufhalten?"

„Viele Karriereratgeber sagen Ihnen, Sie sollten keine Angst haben, Fehler zu machen. Da mag etwas dran sein. Doch jeder, der im Leben schon einmal richtig danebengelegen hat, wird diesen Satz ergänzen und Ihnen zurufen: Tun Sie alles, wirklich alles, um solche Fehler zu vermeiden. Denn Fehler können wirklich verdammt wehtun. Vielleicht ist Angst vor schweren Fehlern nicht das Schlechteste."

„Nietzsche hat einmal gesagt: Was dich nicht umbringt, macht dich stärker. Worauf er meiner Meinung nach nicht ausreichend hingewiesen hat, ist die Tatsache, dass das, was dich nicht

umbringt, trotzdem vermieden werden sollte – weil es nämlich verdammt wehtun kann."

Carl Hiaasen hat ein Buch mit dem Titel „Geh vom Schlimmsten aus" geschrieben. Es enthält eine Abschlussrede, die er niemals gehalten hat. Darin geht er mit vielen Lebens- und Karrieretipps hart ins Gericht. Zu denen, die man auf keinen Fall befolgen sollte, gehören nach seiner Überzeugung zum Beispiel diese vier:

„Leben Sie nicht jeden Tag, als sei es Ihr letzter. Das hört sich zwar irgendwie cool an, ist aber eine unglaublich dumme Idee. Sie werden schon bald pleite sein, dick werden, Ihren Job verlieren, eine Räumungsklage für Ihre Wohnung erhalten, Ihren Führerschein verlieren, Alimente bezahlen und viele andere Unannehmlichkeiten erdulden. Immer zu tun, was Ihnen am meisten Spaß macht, ist eine gute Strategie für Fünfjährige – aber nicht für Hochschulabsolventen, wie Sie es sind."

„Sie können nicht alles erreichen. Wenn das ginge, wäre ich heute Stürmer beim FC Bayern, doch leider war ich nie in meinem Leben sportlich, athletisch, schnell oder begabt genug, um mit Thomas Müller, Robert Lewandowski und anderen mithalten zu können. Damit habe ich mich abgefunden. Selbsttäuschung ist keine Tugend. Jeder, der Ihnen etwas anderes erzählt, macht Ihnen und wahrscheinlich auch sich selbst etwas vor. Das bedeutet nicht, dass Sie nicht auch Herausragendes leisten können. Im Gegenteil. Aber fragen Sie sich, was Sie gut können, und versuchen Sie, dort erfolgreich zu sein."

„Urteilen Sie über andere. Immer häufiger hören wir, dass wir nicht über andere urteilen und uns nicht zu schnell eine Meinung bilden sollten. Doch in Ihrem Leben – vor allem in Ihrem Berufsleben – wird sehr viel davon abhängen, dass Sie lernen, andere schnell und richtig einzuschätzen. In den kommenden Jahren werden Sie jede Menge wichtige Entscheidungen im Zusammenhang mit anderen Menschen treffen. Sie werden entscheiden, mit wem Sie ein Bier trinken gehen, wem Sie Geld leihen, bei wem Sie ins Auto steigen, mit wem Sie ins Bett steigen, mit wem Sie eine Firma gründen und mit wem Sie eine Familie gründen. Je schneller Sie lernen, Menschen zu beurteilen, je besser wird Ihnen all das gelingen."

„Suchen Sie nicht nach dem Guten in anderen Menschen - jedenfalls nicht bei den Menschen, mit denen Sie eine Menge Ihrer wertvollen Zeit verbringen möchten. Die positiven und liebenswerten Eigenschaften der Menschen in Ihrem näheren Umfeld sollten Sie nicht suchen müssen. Sie sollten bereits nach einem fünfminütigen Gespräch offensichtlich sein. Bei allen anderen suchen Sie nicht nach dem guten Kern. Sagen Sie schnell Lebewohl."

Tim Minchin sagte bei seiner Rede an der University of Western Australia 2013: *„Ich hatte nie wirklich einen dieser großen Träume. Und ich empfehle Ihnen stattdessen die leidenschaftliche Hingabe zu kurzfristigen Projekten. Seien Sie ehrgeizig im Kleinen. Konzentrieren Sie sich und arbeiten Sie mit Stolz an dem, was Sie gerade vor sich haben. Sie wissen nie, wo Sie das hinbringen kann. Und machen Sie sich klar, dass die nächste sinnvolle Aufgabe irgendwo in Ihrer unmittelbaren Nähe auftauchen wird. Wenn Sie zu weit nach vorne blicken, übersehen Sie möglicherweise die große Chance, die sich unmittelbar vor Ihrer Nase bietet."*

Worte an die Eltern

Wichtige Gäste bei Abschlussveranstaltungen sind nicht nur die Absolventen und die Lehrer. Auch die Eltern haben in der Regel einen großen Anteil daran, dass die Prüfungen erfolgreich bestanden wurden. Darum freuen sie sich natürlich, wenn auch sie in der Rede mit ein paar Worten bedacht werden.

„Dies ist nicht nur ein stolzer Tag für unsere Absolventen, sondern auch für viele ihrer Eltern, Großeltern, Geschwister, Verwandten und Freunde, die mit ihrer Unterstützung den Erfolg der Studenten überhaupt erst möglich gemacht haben. Darum bitte ich Sie alle jetzt um einen weiteren kräftigen Applaus für die vielen Unterstützer unserer Absolventen."

„Liebe Absolventen, meine sehr geehrten Damen und Herren, so eine bestandene Prüfung ist schon ein sehr befreiender Moment. Damit meine ich nicht nur die Eltern, die sich jetzt endlich von der Unterhaltspflicht für ihre Kinder befreit sehen. Nein, ich meine natürlich vor allem unsere Absolventen selbst, und darum bitte ich Sie um einen kräftigen Applaus für alle, die mit dem

heutigen Tag ihr Hochschulstudium erfolgreich abgeschlossen haben."

Einige humorvolle Anmerkungen sind auch hier nie verkehrt:

„Liebe Eltern, die sich Sorgen um die berufliche Zukunft ihrer Kinder machen: Momentan ist es ja wirklich nicht ganz leicht, in der Welt da draußen einen Job zu finden. Die einzigen Firmen, die momentan Leute einstellen, sind Handyläden, Onlinekaufhäuser und Berliner Clanfamilien."

„Ich habe auch eine gute Nachricht für die Eltern, vor allem für diejenigen, die darunter gelitten haben, ihre Kinder während des Studiums selten gesehen zu haben. Diese Zeit ist jetzt vorbei. Während der nun folgenden bis zu 24-monatigen Berufsfindungsphase sehen Sie Ihre Kinder wieder jeden Tag, und zwar jedes Mal, wenn sie verkatert aus ihrem alten Kinderzimmer kommen und sich beschweren, dass das W-LAN nicht funktioniert."

„Insbesondere wenn Ihr Kind Latein als Leistungskurs hatte, sollten Sie besorgt sein. Denn der einzige Ort, wo es damit eine Anstellung finden könnte, ist das antike Rom."

„Und noch eine Warnung an die Eltern: Sie werden vermutlich mehr Geld dafür ausgeben, das Examenszeugnis rahmen zu lassen, als Ihr Kind damit in den nächsten zwei Jahren verdienen wird."

Zitate

Für alle, die in Reden gerne auf weise Worte von berühmten Menschen verweisen, gibt es hier zusätzlich noch einige Anregungen.

„Konfuzius hat gesagt: ‚Derjenige, der denkt: Das schaffe ich, und derjenige, der denkt: Das schaffe ich niemals, behalten beide meistens recht.'"

„Jetzt haben Sie es hinter sich. Charles Dickens hat es so formuliert: ‚Es war die beste Zeit. Es war die schlimmste Zeit.'"

„Was wird Ihnen von dieser Zeit in Erinnerung bleiben? Mark Twain hat gesagt: ‚Von meiner Schulzeit sind mir nur meine Bildungslücken in Erinnerung geblieben.'"

„Mein Vater hat immer gesagt, dass es kein Problem sei, sich viel vorzunehmen und zu scheitern. Viel schlimmer sei es, wenn man sich wenig vornehme und sein Ziel erreiche."

„Haben Sie in dieser Zeit wichtige Lektionen für das Leben gelernt? Mark Twain hat es treffend formuliert. Er sagte: ‚Ich habe stets darauf geachtet, dass der Schulbesuch meiner Bildung nicht im Weg stand.'"

„William Shakespeare hat gesagt: ‚Einige werden groß geboren, einige erlangen Größe, und einigen wird die Größe hinterhergeworfen.' Einige von Ihnen haben bereits erkannt, dass sie nicht groß geboren wurden, und niemand von Ihnen sollte darauf warten, dass ihm oder ihr die Erfolge im Leben nachgeworfen werden. Manche von Ihnen werden ihre Erfolge möglicherweise mit der ganzen Welt teilen, andere ausschließlich mit ihren engen Freunden. Doch jeder von Ihnen hat das Zeug, aus seinem Leben etwas wirklich Großartiges zu machen. Das haben Sie nicht zuletzt dadurch bewiesen, dass Sie diesen Abschluss erworben haben."

„Für diejenigen von Ihnen, die noch nicht genau wissen, was sie mit ihrem Leben anstellen sollen, habe ich einen Ratschlag. Der stammt von dem amerikanischen Theologen Howard Thurman und lautet: Fragen Sie sich nicht, was die Welt braucht. Fragen Sie sich, wobei Sie sich am glücklichsten und lebendigsten fühlen, und dann tun Sie genau das. Denn was die Welt braucht, sind mehr Menschen, die gefunden haben, was sie glücklich macht."

„Tim Cook hat gesagt: ‚Bei den wichtigsten Entscheidungen in Ihrem Leben sollten Sie dies tun: Vertrauen Sie Ihrer Intuition – und dann arbeiten Sie wie ein Verrückter, um zu beweisen, dass Sie damit richtig gelegen haben.'"

„In seinem Lied ‚Father and Son' singt der amerikanische Sänger Cat Stevens: ‚Von dem Moment an, als ich lernte zu sprechen, wurde mir befohlen zuzuhören.' Liebe Absolventinnen und Absolventen, die Zeit des Zuhörens ist nun vorbei. Von nun an

entscheiden Sie selbst, wem Sie zuhören, was Sie lesen, was Sie lernen und welche Schlüsse Sie daraus ziehen.“

„Der US-amerikanische Komiker George Carlin hat gesagt: ‚Das Leben wird nicht an der Anzahl unserer Atemzüge gemessen, sondern an der Zahl der Momente, die uns den Atem rauben.‘ Liebe Absolventinnen und Absolventen, von diesen Momenten wünsche ich Ihnen von Herzen ganz besonders viele.“

„Der frühere Bundesligaprofi Thomas Häßler hat einmal gesagt: ‚In der Schulzeit gab es Höhen und Tiefen. Die Höhen kamen beim Fußballspielen nach der Schule.‘“

„Der britische Politiker Edward Frederick Lindley Wood hat einmal gesagt: ‚Bildung ist das, was übrigbleibt, wenn wir vergessen, was wir in der Schule gelernt haben.‘“

„Der polnische Lyriker Stanisław Jerzy Lec hat einmal gesagt: ‚Wer den Himmel auf Erden sucht, hat im Erdkundeunterricht geschlafen.‘“

Der Schluss der Abschlussrede

Reden sind wie Liebesaffären: Sie anzufangen, ist gar nicht schwer. Doch nur die wenigsten schaffen es, sie würdevoll zu beenden. Eine angenehme Ausnahme bildete der Talkmaster Jimmy Kimmel bei seiner Abschlussrede am Thomas & Mack Center in Las Vegas 2013:

„Mit dem heutigen Tag haben Sie bewiesen, dass Sie kluge Menschen sind und dass Sie fleißig gelernt haben. Aber Sie haben etwas noch viel Wichtigeres unter Beweis gestellt, nämlich dass Sie etwas zu Ende bringen können. Darum bitte ich Sie, liebe Absolventinnen und Absolventen, bringen Sie die Dinge zu Ende in Ihrem Leben. Und weil dies eine gute Gelegenheit ist, mir selbst nicht ständig zu widersprechen, folge ich nun meinem eigenen Ratschlag und bringe meine Rede zu Ende."

„Ich weiß, Sie haben hart gearbeitet, um den Abschluss zu erreichen, den wir heute feiern. Doch wenn Sie die analytischen Fähigkeiten einsetzen, die Ihnen im Rahmen Ihres Abschlusses vermittelt wurden, werden Sie feststellen, dass der überwiegende Teil der Menschen deutlich härter arbeitet als Sie und ihnen dafür deutlich weniger Chancen geboten werden als Ihnen. Darum feiern Sie Ihren Erfolg heute Nacht, so gut Sie können, aber lassen Sie sich diesen nicht zu Kopf steigen, wenn Sie ab morgen die Sprossen der Erfolgsleiter hinaufsteigen."

„Zum Schluss möchte ich gerne noch Danke sagen. Danke an Frau Direktorin Müller für die Gelegenheit, heute hier sprechen zu dürfen. Danke an den diesjährigen Abschlussjahrgang, dass ich bei diesem wichtigen Ereignis dabei sein durfte. Danke an die Website abschlussredenschreibenschnellundleicht.de für die Hilfe beim Schreiben meiner Rede. Und natürlich Danke an Sie alle für Ihre Aufmerksamkeit."

„Vergessen Sie nicht, dass Sie heute schließlich und letztendlich vor allem deswegen hier stehen, weil Sie Glück gehabt haben. Sie hatten das Glück, im richtigen Land geboren zu werden, in der richtigen Zeit, in das richtige Umfeld, in die richtigen Familien

und ins richtige Bildungssystem. Wenn Sie länger darüber nachdenken, werden Sie feststellen, dass Sie unfassbares Glück hatten, überhaupt geboren worden zu sein. Doch mit dem heutigen Tag haben Sie gezeigt, dass Sie diese Chance ergriffen haben, und dazu gratuliere ich Ihnen von ganzem Herzen."

Steven Colbert beendete seine Abschlussrede 2011 an der Northwestern University in etwa so:

„Zum Schluss möchte ich mich bei Ihnen allen entschuldigen, weil meine Rede so berechenbar gewesen ist. Wie die New York Times in einer Analyse von Hunderten Abschlussreden herausgefunden hat, sind die Begriffe ‚Liebe' und ‚Dienst am Gemeinwohl' im vergangenen Jahr die am meisten gebrauchten Worte in nahezu allen Abschlussreden. Und so war es auch bei meiner. Bleibt mir nur zu hoffen, dass dank meiner heutigen Ansprache auf Platz drei das Wort ‚Sex' zu finden sein wird."

„Beenden möchte ich meine Rede mit einem Zitat von Johann Wolfgang von Goethe. Diejenigen von Ihnen, die Deutsch als Leistungskurs hatten, sind schließlich so etwas wie seine geistigen Nachfahren. In der Tat sind nicht wenige von Ihnen möglicherweise sogar seine tatsächlichen Nachfahren. Die Fortschritte in der DNA-Untersuchung werden sicher bald weitere Details darüber ans Licht bringen. Bis dahin begnügen wir uns mit den Worten des großen Dichters, der gesagt hat: ‚Die beste Bildung findet ein gescheiter Mensch auf Reisen.' Damit möchte ich meine Rede beenden und Ihnen allen, liebe Absolventinnen und Absolventen, für die Reise, die vor Ihnen liegt, alles Gute wünschen."

Oft freuen sich die Absolventen während der Rede bereits auf die anschließende Party. Dies kann der Redner humorvoll mit der Botschaft der eigenen Rede verbinden.

Denzel Washington sagte bei seiner Abschlussrede an der University of Pennsylvania 2011:

„Jeder fällt mal auf die Nase. Das gehört dazu. Doch wenn es tatsächlich einmal passiert – möglicherweise schon heute Nacht nach dem einen oder anderen Glas Schaumwein –, dann erinnern Sie sich immer an eines: Wenn Sie stolpern, stolpern

Sie sich immer nach vorn. Achten Sie darauf, dass die Erfahrung Sie im Leben weiterbringt.“

„Liebe Absolventinnen und Absolventen des diesjährigen Abschlussjahrgangs, um Sie muss man sich keine Sorgen machen. Mit Ihrem Abschluss haben Sie bewiesen, dass Sie im Leben zurechtkommen, dass Sie immer auf den Füßen landen. Sorgen machen muss man sich im weiteren Verlauf des Abends höchstens um die Tanzpartnerinnen des einen oder anderen Absolventen, sollte der mal wieder auf ihren Füßen landen.“

Auch Absolventen können zum Abschluss besonders gut humorvolle Bemerkungen über die eigene Feierwut der Vergangenheit und der Zukunft machen. Zum Beispiel so:

„Zum Schluss möchte ich noch kurz einen Gruß ausrichten, den ich vor einigen Tagen per E-Mail von einer Firma aus Norddeutschland bekommen habe. Darin steht: ‚Sehr geehrter Herr Berger, wie wir Ihnen schon auf Ihre fünf vorherigen Anfragen mitgeteilt haben, gibt es bei uns keine Ermäßigung für Abiturienten. Von zukünftigen Anfragen bitten wir abzusehen und wünschen Ihnen trotzdem alles Gute zum bestandenen Schulabschluss. Ihre Brauerei Flensburger.‘“

„Zum Schluss habe ich noch eine wirklich gute Nachricht zu verkünden. Ich habe hier einen Brief von Herrn Vim van Gool. Herr van Gool betreibt einen Bauernhof im holländischen Scheveningen, wo wir unsere letzte Klassenfahrt verbracht haben. Herr van Gool schreibt: ‚Sehr geehrter Herr Berger, ich habe gute Nachrichten für Sie. Die Kuh hat überlebt. Wir werden Ihre Schule nicht verklagen.‘ Über Einzelheiten wird Ihnen unser Klassenlehrer Herr Berger sicher gerne Auskunft erteilen.“

NACHBEREITUNG

Der Feinschliff

Wenn Sie Ihre Abschlussrede fertiggeschrieben haben, legen Sie sie am besten erst einmal beiseite. Mindestens über Nacht. Idealerweise schauen Sie den Text ein paar Tage lang nicht an. Erst dann lesen Sie die Rede in aller Ruhe einige Male durch. Der Zeitaufwand lohnt sich auf jeden Fall. Oft lässt sich die Rede mit ein wenig Abstand noch einmal deutlich verbessern. Achten Sie bei der Überarbeitung vor allem auf die folgenden vier Punkte:

Streichen Sie Phrasen aus Ihrer Abschlussrede

Das menschliche Gehirn hat eine sehr interessante Fähigkeit. Es erkennt intuitiv unwichtige Informationen und ist in der Lage, diese nahezu vollständig auszublenden. Das gilt zum Beispiel für Werbebanner im Internet. Wissen Sie noch, welche Werbung auf der letzten Webseite gezeigt wurde, die Sie angesehen haben? Vermutlich nicht. Denn Ihr Gehirn erkennt in Sekundenbruchteilen, dass es sich dabei um irrelevante Inhalte handelt, und blendet diese automatisch aus. Das Gleiche passiert, wenn der Redner in einer Abschlussrede Sätze verwendet, die die Zuhörer schon hundert Mal gehört haben. Das Gehirn der Zuhörer schaltet automatisch ab.

Die schlimmsten Konzentrationskiller sind abgedroschene Floskeln wie „jetzt beginnt der Ernst des Lebens“ oder „zwölf Jahre haben Sie gelernt, nun haben Sie es geschafft“. Solche Sätze haben in einer Rede nicht nur geringe Aussagekraft, sie besitzen auch ein großes Potenzial, die Zuhörer zu langweilen.

Am schlimmsten sind Phrasen gleich am Anfang der Rede. Wer seine Rede mit „Wir haben uns heute hier versammelt, um gemeinsam das Diplom des diesjährigen Abschlussjahrgangs zu feiern“ beginnt, wird gleich mit dem ersten Satz viele seiner Zuhörer dazu bringen, gelangweilt aus dem Fenster zu schauen.

Beziehen Sie das Publikum in Ihre Rede mit ein

Jeder Redner steht vor der Herausforderung, die Aufmerksamkeit seines Publikums für die gesamte Dauer seiner Rede aufrechtzuerhalten. Das gilt insbesondere für Abschlussreden, da im Laufe der Abschlussfeier in der Regel mehrere Ansprachen gehalten werden und die Aufmerksamkeit der Zuhörer von Rede zu Rede langsam abnimmt.

Ein Mittel, um die Zuhörer Ihrer Abschlussrede bei der Stange zu halten, besteht darin, sie immer wieder in die Rede mit einzubeziehen. Zum Beispiel können Sie Fragen stellen: „Wer von Ihnen erinnert sich noch an seinen ersten Schultag?“ Sie können Vermutungen anstellen: „Bestimmt hat jeder von Ihnen schon einmal an einer Gabelung auf dem Lebensweg gestanden und wusste partout nicht, für welche Richtung er sich entscheiden sollte.“

Sie können in Ihrer Abschlussrede auch einzelne Zuhörergruppen gezielt ansprechen: „Die Älteren unter Ihnen wissen noch, wie es war, als man ein Studium abschließen konnte, ohne jemals vor einem Computer gesessen zu haben.“ Und manchmal genügt es auch, alle paar Absätze die Anrede zu wiederholen: „Liebe Absolventen, liebe Lehrer, liebe Verwandte, Freunde und Gäste ...“

Kürzen Sie, was das Zeug hält

Die Aufmerksamkeitsspanne Ihrer Zuhörer ist begrenzt. Wenn Sie mit Ihrer Rede einen bleibenden Eindruck hinterlassen möchten, sollten Sie Ihre Gedanken kurz und prägnant auf den Punkt bringen. Ein Weg, das zu erreichen, ist es, jeden Satz der fertigen Rede darauf zu überprüfen, ob er möglicherweise gestrichen werden könnte.

Das Problem beim Kürzen liegt für die meisten Verfasser darin, dass sie sich nur unter großen Schmerzen von den Früchten ihrer eigenen Kreativität trennen können. Jeder einzelne Satz erscheint ihnen darum als unverzichtbar. Um sich trotzdem noch von dem einen oder anderen Wort trennen zu können, gibt es einen einfachen Trick:

Lesen Sie Ihre fertige Rede noch einmal in aller Ruhe durch und fragen Sie sich bei jedem einzelnen Wort, ob Sie bereit wären, es zu streichen, wenn Sie dafür 10 Euro bekommen würden. Überlegen Sie, welche Sätze Sie streichen würden, wenn Ihnen jemand dafür 50 Euro geben würde. Auf welchen Absatz würden Sie gegen eine Zahlung von 100 Euro verzichten?

Üben Sie Ihre Rede vor einem Probepublikum

Topathleten spielen vor einem Wettkampf jedes Detail ihrer Bewegungsabläufe im Geiste wieder und wieder durch. Schauspieler haben vor jeder Premiere eine Generalprobe. Das hat einen guten Grund: Der Körper und das Nervensystem gewöhnen sich beim Üben an den Ernstfall. Wenn der große Auftritt kommt, sind die Abläufe dadurch bereits Routine und lassen sich störungsfrei abrufen.

Auch Sie können von diesem Effekt profitieren. Zunächst üben Sie die Rede einige Male vor dem Spiegel. Danach nehmen Sie einen Probeauftritt mit dem Handy oder einer Videokamera auf und schauen sich die Aufnahme danach kritisch an. Sobald Sie sich einigermaßen sicher fühlen, kommt die Generalprobe, der Auftritt vor einem Probepublikum. Ideal sind zwei bis drei Zuhörer. Notfalls genügt aber auch eine einzige Person – und sei es ein Mitbewohner, ein Arbeitskollege, der Opa oder der Ehemann.

Beim Üben vor einem Probepublikum können Sie auch ausprobieren, ob Ihre Gags und lustigen Sprüche Ihr Publikum wirklich zum Lachen bringen. Viele Pointen zünden nur, wenn sie mit dem richtigen Timing vorgetragen werden. Die meisten professionellen Comedians testen ihr Material viele Male, bevor sie damit in der Öffentlichkeit auftreten. Ein oder sogar mehrere Probedurchläufe können darum auch Ihnen zu einem noch besseren Auftritt mit Ihrer Abschlussrede verhelfen.

Am Tag der Abschlussfeier sollten Sie nicht mehr üben. Doch Sie können Ihre Rede im Geiste wieder und wieder durchgehen. Das gibt Ihnen noch mehr Sicherheit und hilft auch gegen Lampenfieber. Und genau darum geht es im nächsten Abschnitt.

Drei Tricks gegen Redeangst

Bei manchen Menschen ist die Angst vor einer öffentlichen Rede so groß, dass sie bereits Tage vorher den Appetit verlieren und nachts nicht mehr richtig schlafen können. Für ungeübte Redner ist es wichtig zu wissen, dass jeder Mensch vor einem Auftritt nervös ist. Selbst erfahrene Politiker und berühmte Schauspieler haben Lampenfieber. Der Unterschied zu blutigen Anfängern besteht lediglich darin, dass Profis gelernt haben, mit ihrer Angst umzugehen. Sie können sich das ebenfalls leicht aneignen. Es ist auch gar nicht schwer. Hier finden Sie drei Tricks, mit denen Sie den Bammel vor der Rede leicht in den Griff bekommen.

Gestehen Sie sich ein, dass Sie Angst haben

Verdrängen macht das Lampenfieber nur noch schlimmer. Wer sich selbst gegenüber eingesteht, dass er weiche Knie hat, bekommt die Angst vor dem großen Auftritt leichter unter Kontrolle. Besonders charmant werden Ihre Zuhörer es finden, wenn Sie zu Beginn Ihrer Rede einen kleinen Witz über Ihre Redeangst machen. Das geht zum Beispiel so:

„Heute Morgen beim Frühstück hat meine Frau mich gefragt: ‚Warum isst du denn nichts? Hast du heute keinen Appetit?‘ Ich habe zu ihr gesagt: ‚Ich kann nichts essen, ich bin zu nervös, weil ich heute die Abschlussrede halten muss.‘ Meine Frau hat dann ihren Arm um mich gelegt und gesagt: ‚Mach dir keinen Stress. Du musst bei deiner Rede nicht versuchen, komisch, kreativ oder geistreich zu sein. Sei einfach du selbst‘, hat sie gesagt.“

„Ich muss gestehen, dass ich wegen meiner Rede heute den ganzen Nachmittag über supernervös gewesen bin. Doch dann kam ein guter Freund zu mir und hat mir Mut gemacht. Darum an dieser Stelle vielen Dank für deine Unterstützung: Lieber Jim Beam, ohne dich würde ich jetzt nicht hier stehen!“

„Wem bei einem so wunderbaren Anlass wie heute eine Rede halten zu darf, der hat vielen Menschen zu danken. Danke an Sie

alle, dass Sie heute von nah und fern zu dieser Abschlussfeier gekommen sind. Danke an die Hochschule, die mir die Ehre dieser Rede zat zuteilwerden lassen, und weil ich vor meiner Rede ein wenig nervös bin, möchte ich mich noch bei einer weiteren Person bedanken – und zwar bei Herrn Leo Sternbach. Für alle, die sich fragen, wer Leo Sternbach ist: Er hat das Valium erfunden.“

„Der amerikanische Schriftsteller Mark Twain hat einmal gesagt: ‚Das menschliche Gehirn ist eine wunderbare Sache. Es funktioniert einwandfrei vom Tag unserer Geburt an bis zu dem Moment, wo wir aufstehen, um eine Rede vor Publikum zu halten.‘ Wenn ich in den kommenden Minuten also irgendwo ins Stocken gerate oder mir mein Text nicht einfällt: Bitte sehen Sie es mir nach. Es ist ja schließlich auch berühmten Schriftstellern schon passiert.“

„Der Operntenor Enrico Caruso soll sich aufgrund seines Lampenfiebers oft kurz vor seinen Auftritten übergeben haben. Bei mir war das bis jetzt nicht der Fall, aber ich bitte die Gäste in der ersten Reihe, ein wenig nach hinten zu rücken.“

Sie können Ihr Publikum auch aktiv mit einbeziehen:

„Dürfte ich Sie alle bitten, einmal kurz aufzustehen. [Redner wartet, bis alle Zuhörer aufgestanden sind.] Vielen Dank. Dürfte ich Sie nun alle bitten, einen Schritt nach rechts zu machen. [Redner wartet, bis alle nach rechts gegangen sind.] Das hat ja super geklappt. Nun machen Sie bitte alle einen Schritt nach links und setzen Sie sich wieder hin. [Redner wartet, bis alle wieder sitzen.] Vielen Dank noch mal. Was auch immer Sie heute Abend über meine nachfolgende Rede denken mögen, Sie können nicht bestreiten, dass ich Sie alle wirklich bewegt habe.“

Kaum jemand merkt, wie nervös Sie sind

Wenn Sie Ihren Zuhörern lieber nichts von Ihrer Redeangst sagen möchten, ist das auch in Ordnung. Denn selbst wenn Ihre Hände schwitzen und Ihre Knie zittern, das Publikum bekommt davon in der Regel nichts mit. Gerade ungeübte Redner sind nach ihrem Redeauftritt oft überrascht, dass niemand im Publikum bemerkt hat, wie angespannt sie während des Vortrags gewesen sind. Wichtig ist, sich von diesen kleinen Anzeichen der

Nervosität nicht verrückt machen zu lassen. Sie sind vollkommen normal. Fast jeder Mensch hat ein flaues Gefühl im Bauch, bevor er ein Mikrofon in die Hand nimmt, um eine Ansprache zu halten. Anstatt sich der Angst hinzugeben, sollten Sie sich in Ruhe überlegen, wie Sie mit den Symptomen am besten umgehen. Gegen schwitzende Hände können Sie ein Stofftaschentuch einpacken. Damit Sie keinen trockenen Mund bekommen, sollten Sie am Tag der Rede genügend Wasser trinken.

Zügeln Sie Ihre Erwartungen

Reden ist ein Handwerk wie jedes andere auch. Das bedeutet, dass Zeit erforderlich ist, um ein Meister darin zu werden. Wenn Sie bisher wenig oder gar keine Erfahrung im Reden vor Publikum haben, sollten Sie sich nicht unter Druck setzen. Sie werden nicht gleich beim ersten Mal reden wie Steve Jobs oder Barack Obama.

Das ist zum einen unrealistisch und zum anderen auch gar nicht erforderlich. Denn bei einer Abschlussfeier soll nicht der Redner im Mittelpunkt stehen, sondern die erfolgreichen Absolventen. Konzentrieren Sie sich darauf, ihnen herzlich zu gratulieren und ihren Erfolg gebührend zu würdigen. Wenn Ihnen das gelingt und Sie dabei noch einen kleinen Witz anbringen, haben Sie einen perfekten Job gemacht.

Der Schluss

Nun, wo Sie das Ende dieses kleinen Ratgebers erreicht haben, sind Sie auf Ihre Abschlussrede bestens vorbereitet und können Ihrem großen Auftritt mit großer Gelassenheit entgegensehen. Freuen Sie sich auf Ihren Applaus. Den haben Sie sich redlich verdient. Vielen Dank für Ihr Interesse an diesem Buch und viel Erfolg beim Schreiben und Halten Ihrer lustigen Abschlussrede.

Printed in Poland
by Amazon Fulfillment
Poland Sp. z o.o., Wrocław

22490367R00037